Leo N. Tolstoi

Die Christliche Lehre

Katechetische Schriften
für Erwachsene und Kinder

Band-Signatur
TFb_A010

Tolstoi-Friedensbibliothek
Reihe A | Band 10

Herausgegeben von
Peter Bürger

Editionsmitarbeit:
Ingrid von Heiseler,
Katrin Warnatzsch

Leo N. Tolstoi

Die Christliche Lehre

Katechetische Schriften
für Erwachsene und Kinder

Übersetzungen der Bücher
‚Christianskoe učenie' (1894-97) und
‚Učenie Christa, izložennoe dlja detej' (1908)

Mit einem Anhang
über Erziehung und Bildung

Tolstoi Friedensbibliothek

TFb_A010

Die TFb-Buchausgaben
folgen dem Editionsprojekt
www.tolstoi-friedensbibliothek.de

© 2023

Leo N. Tolstoi

DIE CHRISTLICHE LEHRE

Katechetische Schriften
für Erwachsene und Kinder

*Neu ediert von Peter Bürger,
Ingrid von Heiseler & Katrin Warnatzsch*

Tolstoi-Friedensbibliothek: Band-Signatur TFb_A010

Herausgeber, Redaktion & Gestaltung: Peter Bürger
www.tolstoi-friedensbibliothek.de
Umschlag-Abbildung: „Die Bergpredigt, 1877",
Carl H. Bloch (1834-1890) | commons.wikimedia.org

Herstellung & Verlag: BoD – Books on Demand, Norderstedt
ISBN: 978-3-7578-1367-3

Inhalt

VORBEMERKUNGEN DES
HERAUSGEBERS

Die für die Reihe A unserer Tolstoi-Friedensbibliothek ausgewählten Werke vermitteln u. a. LEO TOLSTOIS persönliches Glaubensbekenntnis, seine Kritik der kirchlichen Dogmatik und Auszüge seiner Bibelarbeit. Die beiden im vorliegenden Band enthaltenen Schriften sind ebenfalls einer tradierten Gattung des religiösen bzw. theologischen Schrifttums zuzuordnen, der sogenannten ‚Katechetik‘ (Religionspädagogik).

„Die christliche Lehre" | 1894-1897

Nach einer tiefen Lebenskrise hatte sich TOLSTOI noch vor seinem 50. Geburtstag für eine Zeitraum von weniger als zwei Jahren (wieder) enger an das orthodoxe Kirchentum gebunden. In diese Phase fällt sein erster Versuch, einen ‚Christlichen Katechismus‘ zu verfassen. Er schreibt darüber in einem Brief an NIKOLAJ STRACHOW vom 6. November 1877: „Vor ein paar Tagen war ich in einer Stunde dabei, als ein Priester Kindern den ‚Katechismus‘ lehrte. Das war alles so widerlich. Es war so offensichtlich, dass die klugen Kinder diese Worte nicht nur nicht glauben konnten, sie konnten gar nicht anders, als sie zu verachten, deshalb wollte ich den Versuch wagen, in Form eines Katechismus das auszudrücken, was ich glaube, und das habe ich getan. Dieser Versuch hat mir gezeigt, wie schwierig das für mich ist oder, wie ich befürchte, völlig unmöglich. Und das stimmt mich traurig und bedrückt mich."[1] – Der besagte Versuch beginnt mit einem unmiss-

---

[1] Hier zitiert nach: Martin GEORGE / Jens HERTH / Christian MÜNCH / Ulrich SCHMID (Hg.): Tolstoj als theologischer Denker und Kirchenkritiker. Zweite Auflage. Göttingen: Vandenhoeck & Ruprecht 2015, S. 47. – Vgl. ebd., S. 47-51 die Übersetzung des Fragments *„Christlicher Katechismus"* (Christianskij katichizis, 1877) durch Olga Radetzkaja, nach der in diesem Abschnitt zitiert wird.

verständlichen *kirchlichen* Bekenntnis: „Ich glaube an die eine wahre, heilige Kirche, die in den Herzen aller Menschen und auf der ganzen Welt lebt und ihren Ausdruck im Wissen um das Gute findet, das in mir und in allen Menschen und im menschlichen Leben vorhanden ist. Ausdrücklich bekenne ich mich zum Glauben an die Christliche Lehre der orthodoxen Kirche ...". Es folgt dann im ‚Frage und Antwort'-Schema der „rechtgläubige Katechismus" als „Unterweisung im wahren Glauben für jeden Menschen allgemein und jeden rechtgläubigen Christen insbesondere, die seinem Seelenheil dient". Die Betonung der Kirchlichkeit steht außer Zweifel, doch sie zielt nicht auf eine die Menschen spaltende Religionsform: „*Frage*. Gibt es ein einziges wahres (allen Menschen gemeinsames) Glaubenswissen? *Antwort*. Dieses Wissen existiert im Herzen der Menschen. Dasjenige Wissen, das alle Menschen gemeinsam haben, ist das wahre Glaubenswissen. – *Frage*. Sind die buddhistische, jüdische, christliche, mohammedanische Ausdrucksform des Glaubens wahr oder unwahr? *Antwort*. Es gibt nur ein wahres Glaubenswissen, nämlich jenes, das allen Menschen gemeinsam ist und das Gott in den Herzen der Menschen offenbart hat, und deshalb ist an allen Ausdrucksformen des Glaubens das wahr, was sie gemeinsam haben. Die äußeren Merkmale der Religionen sind dagegen nur Besonderheiten, die von historischen und geografischen Bedingungen abhängen, welche nicht zum Glaubenswissen, sondern zum Vernunftwissen gehören." Der christliche Glaube „ist in dem Maße wahr, wie er das in die Herzen der Menschen offenbarte Glaubenswissen offenlegt". Die christliche Kirche verhält sich „zur gemeinsamen Kirche Gottes" wie „das Besondere zum Allgemeinen": als „eine [!] der Formen der universalen Kirche". Nicht „im Geist", aber „im Buchstaben" ist sie *fehlbar*: „Der Geist stimmt immer mit dem Glaubenswissen im Herzen überein. Der Buchstabe dagegen ist ein Werkzeug der Überlieferung." – Der Text lässt bereits erahnen, dass das Arrangement des Verfassers mit der ‚Orthodoxie' nicht von allzu langer Dauer sein wird.

Zwischen 1894 und 1897 – also zwei Jahrzehnte später – versucht LEO TOLSTOI noch einmal, einen ‚Katechismus' niederzuschreiben. Obwohl das Ergebnis ihn selbst noch nicht zufriedenstellt, gibt er die Schrift *„Die christliche Lehre"* (Christianskoe učenie, 1894-1897) zur Veröffentlichung frei: „Gewiss, ich halte diese Schrift für unvollendet und weit davon entfernt, die Forderungen zu erfüllen, die ich selbst vor zwanzig Jahren an sie stellte. Aber ich erkannte, dass ich nicht Zeit haben werde, sie zu vollenden, sie zu dem Grade der Klarheit zu bringen, den ich wünschte; und doch denke ich, dass auch bei der gegenwärtigen Form in ihr einiges Nützliche für die Menschen zu finden wäre. Drucken Sie und veröffentlichen Sie sie daher so wie sie ist, und wenn Gott will und ich von anderer Arbeit frei sein werde und noch die Kraft dazu besitze, so will ich zu dieser Schrift zurückkehren und will bestrebt sein, sie deutlicher, klarer und kürzer zu machen" (→S. 15-16).

Der deutschen Ausgabe sind noch *„Gedanken über Gott"* (Mysli o boge, 1898) und Auszüge *„Aus Tolstois Tagebuch"* beigegeben.

Die *„Christliche Lehre"* vermittelt TOLSTOIS Verständnis des Glaubens – nunmehr allerdings nicht mehr mit einer kirchlichen Bindung der Katechismus-Schrift wie noch 1877. Gleich zwei von drei Abteilungen der dargebotenen deutschen Übersetzung sind als Katechismus zur Morallehre gestaltet (‚Sünden', ‚Fallstricke'). TOLSTOI kennt keine Strafpredigt und schon gar nicht so etwas wie Höllenqualen für Sünder. Doch seine Belehrungen zu den ‚Sünden' („Hindernisse der Offenbarung der Liebe") enthalten bedenkliche Ansichten. Die „geschlechtliche Sünde", um nur ein besonders trauriges Beispiel zu nennen, bestehe darin, „dass man sich durch den geschlechtlichen Trieb Vergnügen bereitet" und z. B. „in geschlechtlichen Verkehr" eintritt, „nicht zum Behufe der Fortpflanzung seines Geschlechtes, sondern um sein persönliches Wohlsein zu steigern". – Solche Anschauungen finden heute hoffentlich ebenso wenig Beifall wie L. N. TOLSTOIS Ausführungen zur „Frauenfrage" (→S. 79-81).

Zu den Sünden im gesellschaftlich-staatlichen Bereich zählen der „ungerechte Besitz von Grund und Boden und von Produktionsmitteln" sowie eine „Legalisation von Gewalttat, Mord, Krieg".

Das ein Jahrzehnt später veröffentlichte Werk *„Die Lehre Christi, dargestellt für Kinder"* (Učenie Christa, izložennoe dlja detej. 1908) ist der – nur auf die Evangelien bezogenen – Bibelarbeit mit Kindern gewidmet. In diesem ‚Religionsunterricht' vermittelt LEO TOLSTOI einen Jesus im Sinne seiner religionsphilosophischen Auslegung. Der Prophet Jesaja wird so zitiert: „Das Haus Gottes ist nicht der Tempel in Jerusalem, sondern die ganze Welt der Menschen Gottes." Jesus lehrt: „Es gibt nur einen Tempel Gottes, das sind die Herzen der Menschen, wenn sie einander lieben." Er betont, man solle nicht ihm, sondern Gott glauben: „Würde man euch sagen, dass ich der Messias bin, so würdet ihr mir, dem Menschen, glauben, ihr glaubt aber nicht dem Vater, der sowohl in mir als auch in euch ist. Dem Vater allein aber muss man glauben." Simon Petrus bekennt keineswegs „Du bist Christus, des lebendigen Gottes Sohn!" (Mt. 16, 16b), sondern gibt kund: „Meiner Meinung nach lehrst du, dass der Geist Gottes in jedem Menschen lebt und dass deshalb jeder Mensch ein Sohn Gottes sei." Jesus verkündet keine Belohnungsreligion: „Nicht das ist der Glaube, dass man an eine Belohnung glaubt, sondern, dass man deutlich verstehe, worin das Leben besteht. Wenn du deutlich verstehst, dass dein Leben im Geiste Gottes beruht, so wirst du keinen Lohn erwarten."

Das Urteil über die „selbsterwählten rechtgläubigen Lehrer", die „mittels äußerer Zeremonien und Schwüre" ihre Stellung sichern, fällt vernichtend aus: „Liebe, Barmherzigkeit, Wahrheit, vernachlässigen sie ganz. Es ist ihnen nur darum zu tun, äußerlich dem Gesetze anzuhängen und andere äußerlich an das Gesetz zu binden. Und deshalb sind sie wie die getünchten Gräber: äußerlich scheinen sie rein, inwendig aber sind sie ein Greuel. – Auch die Heiligen und die Märtyrer ehren sie äußerlich. Eigentlich aber sind sie selbst diejenigen, die die Heiligen mordeten und quälten. Sie waren von jeher und sind auch jetzt die Feinde alles Guten. Von ihnen stammt alles Böse in der Welt, denn sie unterdrücken das Gute und nennen das Böse gut."

Die religiösen Autoritäten sind mit Blick auf Jesu Botschaft alarmiert: „Wenn aber alle seine Lehre annehmen werden, dass alle Menschen die Söhne eines Vaters und alle miteinander Brüder sind, dass unser jüdisches Volk nichts Besonderes unter den übrigen Völkern ist, so werden die Römer kommen und uns unterjochen, und es wird kein jüdisches Reich mehr geben." Auch die Jünger wissen TOLSTOI zufolge, dass Jesus „keinen Unterschied zwischen Juden und anderen Völkern" macht.

Jesus sagt voraus, dass man seine Botschaft verfälschen wird: „Man wird noch lange mit meiner Lehre die Menschen betrügen und es wird Kriege und Aufstände deswegen geben." Beim letzten Abendmahl legt er seinen Jüngern ans Herz: „Streitet nicht über meine Lehre, sondern, wie ich den Pharisäern sagte, tut, was ich tue. Ein neues Gebot gebe ich euch: Wie ich euch stets und bis zu Ende alle geliebt habe, so sollt ihr euch auch stets und bis zu Ende untereinander und alle Menschen lieben." „Das Leben besteht darin, dass man sich immer mehr und mehr der Vollkommenheit Gottes nähere. Das ist der Weg. Ich gehe ihn, und ihr kennt diesen Weg."

Der Ausblick auf die bevorstehende Verfolgung ist nicht mit der Ankündigung einer wundersamen ‚Auferstehung von den Toten' verbunden: „Ich werde sterben, und die weltlichen Menschen werden mich nicht sehen, aber mein Geist wird nicht sterben, und ihr werdet leben durch ihn. Und dann werdet ihr verstehen, dass ich im Vater lebe und der Vater in mir." Die Geschichte der Zuspitzung eines tödlichen Konflikts und der Passion erstreckt sich über dreizehn von 52 Kapiteln: „Hier in Jerusalem wollte ich alle Menschen vereinigen, so dass alle Menschen hier einander lieben und einander dienen sollen, aber die Leute hier verstehen nur die Lehrer des Guten zu morden." Jesus erläutert gegenüber Pilatus sein Königtum so: „Ich lehre die Menschen die Wahrheit des Himmelreiches. Und wer in der Wahrheit lebt, der ist ein König."

TOLSTOI selbst schrieb im Vorwort zu diesem Büchlein 1908: „Ich glaube, dass das kapitelweise Lesen desselben, begleitet von den durch die Lektüre erweckten Erklärungen über die Möglichkeit und Notwendigkeit einer Anwendung der ewigen Wahrheiten dieser Lehre im Leben, nur günstig auf die Kinder wirken muss, die nach den Worten Christi für die Lehre vom Reiche Gottes besonders empfänglich sind." Der Herausgeber der deutschsprachigen Ausgabe meinte hingegen: „Es hat diese Bearbeitung vor allem den Zweck, ein Leitfaden für die führenden Lehrer (und hier stehen an erster Stelle die Eltern selbst) zu sein, die auf dem Wege der Verinnerlichung der religiösen Weltanschauung die Veredlung des Gemüts der Kinder zu fördern berufen wären."

Tolstoi als Religionspädagoge?

Die im Anhang des vorliegenden Bandes dargebotenen Übersetzungen zu pädagogischen Ausführungen TOLSTOIS und zu einem Tagesblatt aus dem Lesezyklus für alle Tage (Krug čtenija, 1904-1906) vermitteln folgende Anschauung: „Religionsunterricht ist die Grundlage der Erziehung." Diese Unterweisung soll „mit dem Aufklärungsgrad der Menschen ohne Unterschied der Nationalität und Lebenslage in Übereinstimmung" stehen und kann „weder der Katholizismus, noch die Orthodoxie, noch der Protestantismus, noch der Mohamedanismus, noch das Judentum oder der Buddhismus sein". Als Grundlage der Erziehung wünscht sich TOLSTOI stattdessen „die christliche Lehre in ihrer einfachsten und vernünftigsten Ausdrucksform" (gemeint ist zweifellos seine eigene Form der Vermittlung).

Die Kampfansage an den kirchlichen Religionsunterricht, den er als Vergewaltigung der Kinder versteht, erfolgt an einigen Stellen mit unvorstellbarer Militanz. Selbst eine „vollständige Gleichgültigkeit der Kinder den religiösen Fragen gegenüber" sei „dem vollendetsten hebräisch-kirchlichen Unterricht bei weitem vorzuziehen". Zeitweilig rückte die Kritik an Klerikalismus, Bibelfundamentalismus[2] und Kirchentum ins Zentrum aller

---

[2] Tolstoi wendet sich gegen die Vermittlung von „grausamen Legenden" (Altes Testament) und eines strafenden ‚Prinzips', welches „nichts anderes" sei „als ein

Überlegungen. TOLSTOI konnte sogar schreiben: „Zuerst hielt ich die bösen Menschen für die Ursache des Übels, alsdann die schlechte, soziale Ordnung, alsdann die Gewalt, welche diese Ordnung erhält, alsdann die Anteilnahme der Menschen an dem Heer, alsdann den Mangel der Religion bei den Menschen, und nunmehr bin ich zu der Überzeugung gekommen, daß die Wurzel aller Übel die [falsche] religiöse Erziehung ist."

Gegenstand der Bildung sollen nur solche „Wissenschaften" sein, die „dem Kriterium der menschlichen Verbrüderung" genügen, somit „kosmopolitisch und allen Menschen zugänglich" sind. Die Theologie scheidet hier genauso aus wie die Rechtswissenschaften. Erwünscht ist hingegen die Entstehung einer neuen „Sprachwissenschaft – gemäß dem Kriterium der Menschenverbrüderung".

Die angestrebte religiöse Unterweisung ohne jegliche Vergewaltigung verlangt von den Erziehenden, niemals etwas zu vermitteln oder vorzuspiegeln, was mit der eigenen Persönlichkeit nicht übereinstimmt, und ihrerseits die Kinder als Lehrende zu sehen: „Ich kenne keine einzige Handlung der Erziehung, welche nicht die Selbsterziehung enthält. … Alle Schwierigkeiten der Erziehung kommen davon, dass die Eltern nicht nur ihre Fehler nicht gut machen, sondern dieselben nicht einmal zugeben, bei ihren Kindern dagegen die Fehler wohl sehen. Darin liegt die ganze Schwierigkeit und der ganze Kampf mit den Kindern. Die Kinder sind moralisch viel entwickelter als die Erwachsenen … Die Erziehung der andern ist darum in der Selbsterziehung enthalten, die nun auch alles ist." Es ist „die Kindererziehung nur die Selbstvervollkommung …, zu welcher niemand soviel beiträgt, wie die Kinder selbst."

TOLSTOI war der Überzeugung, dass es „viel wichtiger ist, *einen* lebendigen aufgeklärten Menschen in die Welt zu schicken,

---

gewisses persönliches, borniertes und furchtbares böses Wesen – der hebräische Gott". Zur besseren Einordnung solcher – geradezu ‚marcionitischen' – Ausführungen Tolstois vgl. z. B. Rainer GOLDT: Judentum. In: M. George / J. Herlth / Chr. Münch / U. Schmid (Hg.): Tolstoj als theologischer Denker und Kirchenkritiker [2014]. Zweite Auflage. Göttingen: Vandenhoeck & Ruprecht 2015, S. 557-570.

als *hundert* Schriften". Seine beiden in diesem Band neu edierten katechetischen Versuche – *„Die christliche Lehre"* (1897) und *„Die Lehre Christi dargestellt für Kinder"* (1908) – stehen nicht im Mittelpunkt seines religiösen Schriftenkreises. Als Pionier einer anderen ,Religionspädagogik' – im Sinne etwa des im deutschen Sprachraum wirkungsgeschichtlich so bedeutsamen HUBERTUS HALBFAS (1932-2022) – kann LEO N. TOLSTOI trotzdem gesehen werden – nämlich aufgrund jener Lesewerke, mit denen er in seinem letzten Lebensjahrzehnt unter Durchbrechung aller Kultur- und Religionsschranken ein ,Menschen- und Welthaus' der Weisheit zu vermitteln versuchte[3]: *Gedanken weiser Männer* (Mysli mudrych ljudej na každyj den', 1903*); Lesezyklus für alle Tage* (Krug čtenija, zuerst 1904-1906); *Der Weg des Lebens* (Put' žizni, 1910).

pb

---

[3] Vgl. im vorliegenden Band die bibliographische Übersicht →S. 196-197.

Die christliche Lehre

(Christianskoe učenie, 1894-1897)

Leo N. Tolstoi

Ausschließlich autorisierte
und vom Verfasser
revidierte deutsche Ausgabe.

Herausgegeben von
Dr. Eugen Heinrich Schmitt[1]
[1898]

VORREDE

Die Herausgabe dieses Buches wurde vom Autor nicht in der vorliegenden Form beabsichtigt. Nachdem er zwei Jahre daran gearbeitet, legte Leo Tolstoi, unbefriedigt von der Ausdrucksweise, das Buch beiseite, in der Hoffnung, daraus nach einiger Zeit mit frischer Kraft zurückzukommen. Da aber andere Arbeiten ihn in Anspruch nahmen und er die Möglichkeit einer endgültigen Ausarbeitung dieser Schrift nicht so bald absehen konnte, so gab er mir mit folgenden Worten die Erlaubnis, sie in der gegenwärtigen Form zu veröffentlichen:

„Gewiß, ich halte diese Schrift für unvollendet und weit davon entfernt, die Forderungen zu erfüllen, die ich selbst vor zwanzig Jahren an sie stellte. Aber ich erkannte, daß ich nicht

---

[1] Textquelle | Graf Leo TOLSTOI: Die christliche Lehre. Ausschließlich autorisierte und vom Verfasser revidierte deutsche Ausgabe. Herausgegeben von Dr. Eugen Heinrich Schmitt. Berlin: Hugo Steinitz Verlag [1898]. [166 Seiten; Inhalt: Vorrede von V. Tschertkoff S. 7-8, Die christliche Lehre S. 7-112, Gedanken über Gott S. 113-147, Aus Tolstois Tagebuch S. 149-165.] [Enthält keine detaillierten Angaben zur Urheberschaft der Übersetzungen ins Deutsche; beteiligt: Albert Škarvan.]

Zeit haben werde, sie zu vollenden, sie zu dem Grade der Klarheit zu bringen, den ich wünschte; und doch denke ich, daß auch bei der gegenwärtigen Form in ihr einiges Nützliche für die Menschen zu finden wäre. Drucken Sie und veröffentlichen Sie sie daher so wie sie ist, und wenn Gott will und ich von anderer Arbeit frei sein werde und noch die Kraft dazu besitze, so will ich zu dieser Schrift zurückkehren und will bestrebt sein, sie deutlicher, klarer und kürzer zu machen."

Der Leser möge daher, die unvollendete Form der Darstellung in Betracht ziehend, solche Sätze, die etwa nicht vollkommen klar sind, in dem Sinne erfassen, der der allgemeinen Idee und dem Geiste des ganzen Buches am nächsten steht.

Ich würde andererseits dem Leser aufrichtigen Dank wissen, wenn er auf Ungenauigkeiten und unklare Sätze des Textes aufmerksam machen würde, und es würde mich freuen, für die nächste Ausgabe für irgend welche derartige Verbesserungen die Zustimmung des Verfassers zu gewinnen.

Purleigh Essex, April 1898.
V. Tschertkoff.

Die christliche Lehre

Einleitung

Ich hatte mein fünfzigstes Lebensjahr erreicht, als ich noch immer dachte, daß das Leben des Menschen, das den Zeitraum zwischen seiner Geburt und seinem Tode ausfüllt, sein ganzes Leben sei, und daß daher das Ziel des Menschen sein Glück in diesem sterblichen Leben sei. So suchte ich denn dies Glück zu erlangen. Aber je länger ich das versuchte, desto klarer wurde es mir, daß dieses Glück nicht existiere und nicht existieren könne. Das Glück, das ich suchte, konnte ich nicht gewinnen, denn sobald ich es erlangte, hörte es auf, Glück zu sein.

Andererseits steigerten sich die Widerwärtigkeiten, und die Gewißheit des Todes wurde mir immer klarer und klarer. Und ich begriff, daß nach diesem sinnlosen und unglücklichen Leben nichts meiner harrte, als Leiden, Krankheit, Alter und Vernichtung. Ich fragte mich selbst: Warum dies? Und ich konnte keine Antwort finden und verzweifelte.

Das was manche Leute sagten und wovon ich mich selbst manchmal zu überzeugen suchte, daß nämlich der Mensch das Glück nicht für sich allein, sondern für Andere, für seinen Nächsten, für alle Menschen erstreben solle, konnte mich nicht befriedigen. Vorerst, weil ich aufrichtig nicht im selben Maße das Glück für andere ersehnen konnte, wie für mich selbst, und zweitens und hauptsächlich deswegen nicht, weil die andern gerade wie ich selbst dem Unglück und dem Tode verfallen sind, weshalb auch alle meine Bemühungen für das Glück der andern als zwecklos erscheinen mußten.

Ich verzweifelte. Ich glaubte, daß meine Verzweiflung daher kam, daß ich ein besonderer Mensch wäre, während andere wüßten, wozu sie leben, und so der Verzweiflung entgingen. Ich begann daher, andere zu beobachten; aber auch diese wußten ebensowenig wie ich selbst, wozu sie lebten. Manche versuchten in dem ziellosen Zirkel des Lebens diese Unwissenheit zu verbergen; andere suchten sich selbst und andere zu überreden, daß sie an die verschiedenen Religionen glaubten, die man ihnen in der Kindheit beigebracht hatte, an welche Religionen man aber nicht glauben konnte, da sie dem Verstande widersprechen. Von diesen letzteren, so schien es mir, behaupteten viele bloß, zu glauben, während sie im Grunde des Herzens keinen Glauben hegten.

Ich konnte diesen Zirkel des Lebens nicht mehr mitmachen, denn keine äußerliche Beschäftigung mehr konnte das Problem vor mir verbergen. Ich konnte nicht mehr an die Religion meiner Kindheit glauben, die sich mir von selbst auflöste als ich die intellektuelle Reife erreicht hatte.

Je eindringlicher ich die Sache betrachtete, desto fester wurde ich überzeugt, daß keine feststehende Wahrheit in dieser Religion war, daß die Grundlage ihres Erkenntnisses vielfach die Heuchelei und Verkäuflichkeit der Betrüger einerseits, die Verstandesschwäche, Halsstarrigkeit und Furcht der Betrogenen andererseits war.

Abgesehen von den inneren Widersprüchen dieser Lehren, von der Grausamkeit des Glaubens an einen Gott, der die Menschen mit ewigen Qualen straft, trat meinem Vorstande [sic] [*Verstande*] schon die Erkenntnis entgegen, daß neben der griechisch-orthodoxen Christenlehre, die behauptet, die einzig wahre zu sein, noch eine zweite, die römisch-katholische existiert, eine dritte, die lutherische, eine vierte, die einer Sekte; alle diese im Widerspruch miteinander und alle behauptend, daß sie die einzig wahre Lehre verkündeten. Und ich wußte, daß neben diesen christlichen Lehren auch nichtchristliche existierten: der Buddhismus, Brahmanismus, Mohammedanismus, Confucianismus und andere, die alle behaupteten, daß sie allein wahr, die anderen dagegen Irrlehren wären.

Ich konnte weder zu der Religion meiner Kindheit zurückkehren, noch irgend eine dieser von anderen Völkern angenommenen Lehren bekennen, denn in ihnen allen waren dieselben Widersprüche wahrzunehmen, dieselben Wundergeschichten, die gleiche Verwerfung der anderen Religionen und vor allem jene Forderung des blinden Glaubens an die Lehre.

Nachdem ich mich so überzeugt hatte, daß ich die Lösung meiner Schwierigkeiten und die Linderung meiner Leiden in den existierenden Religionen nicht finden konnte, steigerte sich meine Verzweiflung so, daß ich an der Schwelle des Selbstmordes stand.

An diesem Punkt kam mir Erlösung, und diese Erlösung vollzog sich folgendermaßen: Von meiner Kindheit an hatte ich die unbestimmte Idee mir bewahrt, daß im Evangelium die Antwort auf meine Frage enthalten sei. Aus diesen Lehren des Evangeliums fühlte ich trotz aller Mißdeutungen der Lehren der christlichen Kirchen die Wahrheit heraus, und schließlich mit einer letzten Anstrengung alle Erklärungen verwerfend, begann ich das Evangelium zu lesen und zu studieren und in seinen Sinn einzudringen. Je tiefer ich in den Sinn dieses Buches eindrang, desto klarer wurde mir etwas neues, vollständig verschieden von dem, was die christlichen Kirchen lehrten, das aber das Problem meines Lebens löste.

Schließlich wurde mir diese Lösung vollständig deutlich, ja völlig unzweifelhaft, erstens weil sie mit meiner Vernunft und mit meinem Herzen vollständig in Übereinstimmung war, und zweitens, weil ich sah, als ich diese Lösung begriff, daß sie nicht bloß ausschließlich meine Erklärung des Evangeliums war, wie es scheinen mochte, noch auch die ausschließliche Offenbarung Christi, sondern die wahre Lösung des Problemes, wie sie in mehr oder minder entfalteter Form von all den Besten unter den Menschen ebenso vor als auch nach der Abfassung des Evangeliums geboten worden war, – eine Reihenfolge, die sich von Moses, Jesajas, Confucius, den älteren Griechen, Buddha, Sokrates bis zu Pascal, Spinoza, Fichte, Feuerbach und all den Unbeachteten und Unbekannten erstreckt, die, ohne Glaubenslehren zu verkünden, über den Sinn des Lebens nachgedacht und darüber ihre Gedanken aufrichtig ausgesprochen hatten. So stand ich, als ich die im Evangelium enthaltene Wahrheit erlernte, nicht allein, sondern wußte mich eins mit den besten Menschen der Vergangenheit und Gegenwart. Ich befestigte mich in dieser Wahrheit und in ihrem Frieden, und habe seitdem zwanzig Jahre in Heiterkeit durchlebt, und mit Heiterkeit sehe ich meinem Tode entgegen.

Diese Lösung des Sinnes des Lebens, die mich mit Ruhe und Lebensfreude erfüllte, wünsche ich den Menschen mitzuteilen.

Meinem Alter und dem Stande meiner Gesundheit nach stehe ich mit einem Fuße im Grabe, und weltliche Rücksichten haben keine Bedeutung mehr für mich. Ich weiß, daß diese Darlegung meiner religiösen Überzeugung weder meinen weltlichen Vorteil noch meinen Ruf fördern, sondern im Gegenteil sowohl die Ungläubigen, die litterarische Werke von mir erwarten und nicht theologische Abhandlungen, als auch jene Gläubigen, die wegen meiner religiösen Schriften ungehalten sind, wider mich erbittern und erzürnen und mich in ihren Augen noch mehr diskreditieren wird. Außerdem war diese Schrift ursprünglich bestimmt, erst nach meinem Tode veröffentlicht zu werden. So, daß ich zu dem, was ich thue, nicht durch irgend welche Wünsche nach Gewinn noch durch weltliche Rücksichten bewegt wurde, sondern einzig durch die Furcht bewogen wurde, etwas zu versäumen, wozu mich der berufen hat, der mich in diese Welt gesandt und zu dem zurückzukehren ich jede Stunde gewärtig bin.

Ich bitte daher [daß] alle die, die das lesen und verstehen, was ich schrieb, ebenso wie ich, alle weltlichen Rücksichten beiseite setzend und nur das ewige Prinzip des Wahren und des Guten vor Augen haltend, durch das wir in diese Welt kamen, und aus der wir als leibliche Wesen ebenso bald verschwinden, ohne Voreiligkeit und Leidenschaft verstehen und beurteilen mögen, was ich sage, und im Falle sie nicht mit mir übereinstimmen, mich berichtigen wollen, nicht mit Verachtung und Haß, sondern mit Mitleid und Liebe. Im Falle sie aber mit mir übereinstimmen, so mögen sie sich entsinnen, daß, wenn ich Wahrheit spreche, diese Wahrheit nicht die meine, sondern Gottes Wahrheit ist, und nur zufällig ein Teil dieser Wahrheit mich durchdringt, so wie sie jeden von uns durchdringt, der die Wahrheit auffaßt und auch anderen mitteilt.

ERSTER TEIL.
ALTE LEHREN UND DAS
NEUE VERSTÄNDNIS DES LEBENS

I.
Die alten Lehren

1. Von frühesten Zeiten her haben die Menschen das Elend, die Unsicherheit und die Sinnlosigkeit ihrer Existenz empfunden und haben Erlösung gesucht aus diesem Elend, dieser Unsicherheit und Sinnlosigkeit bei einem Gott oder bei Göttern, welche dieselben von den verschiedenen Beschwerden dieses Lebens befreien sollten in einem Leben, welches ihnen Wohlfahrt geben sollte, die sie in diesem Leben ersehnten, jedoch nicht erreichen konnten.

2. Es hat daher seit dem grauesten Altertum Lehrer bei den verschiedensten Völkern [gegeben], welche die Menschen über die Natur des Gottes oder der Götter unterrichteten, durch welche dieselben erlöst werden sollten und über die Mittel der Annäherung, um hier oder jenseits Belohnungen zu erlangen.

3. Manche dieser Lehren verkündeten, daß dieser Gott die Sonne wäre, personifiziert in verschiedenen Tieren; andere identifizierten diesen Gott mit Erde und Himmel; andere lehrten, daß Gott die Welt geschaffen habe, sich unter allen Völkern eines auserwählend, andere wieder, daß es viele Götter gäbe und daß dieselben an den menschlichen Angelegenheiten Anteil nehmen; wieder andere, daß Gott in menschlicher Form zur Erde herabgestiegen sei.

Und Wahrheit mit Irrtum vermengend, verlangten alle diese Lehrer von den Menschen nicht bloß die Enthaltung von gewissen Handlungen, die als böse betrachtet wurden und die Vollbringung von Handlungen, die als gute galten, sondern auch verschiedene Sakramente, Opfer, Gebete, von denen sie voraussetzten, daß sie ganz besonders die Wohlfahrt sowohl in dieser Welt wie in der andern zu versichern geeignet wären.

II.
Das Ungenügende der alten Lehren

4. Aber je länger die Menschen lebten, desto weniger genügten diese Lehren den Bedürfnissen der menschlichen Seele.

5. Erstens, sahen die Menschen, daß sie trotz der Erfüllung der Gebote ihres Gottes oder ihrer Götter in dieser Welt die ersehnte Glückseligkeit nicht erlangten.

6. Zweitens, erschienen mit der Ausbreitung der Aufklärung diese Lehren über Gott und das künftige Leben mit den versprochenen Entschädigungen nicht in Übereinstimmung mit geklärteren Anschauungen über das Weltall und infolgedessen schwand das Vertrauen der Menschen in dieselben mehr und mehr.

7. Wenn die Menschen in früheren Zeiten ohne Schwierigkeit glauben konnten, daß Gott die Welt vor sechstausend Jahren geschaffen, daß die Erde der Mittelpunkt des Weltalls wäre; daß Gott, nachdem er zur Erde herabgestiegen, wieder in den Himmel aufgefahren ist und so weiter, so wurde ein solcher Glaube nun unmöglich, nachdem die Menschen bestimmt wußten, daß die Welt nicht sechstausend sondern hunderttausende von Jahren existiert hat, daß die Erde nicht der Mittelpunkt des Weltalls, sondern ein im Vergleich mit anderen Himmelskörpern kleiner Planet sei; daß es kein Unter der Erde geben könne, da diese eine Kugel ist, und da sie erkannten, daß es unmöglich ist, in den Himmel aufzufahren, weil es keinen Himmel gäbe und die Himmelswölbung nur für den Augenschein existiere.

8. Drittens und hauptsächlich wurde das Vertrauen der Menschen in diese verschiedenen Lehren untergraben durch den engeren gegenseitigen Verkehr, wo man in Erfahrung brachte, daß in jedem Lande die Religionslehrer ihre eigenen eigentümlichen Lehren als die einzig wahren predigten und die Wahrheit aller andern verneinten. Nachdem die Menschen dies entdeckten, schlossen sie natürlich, daß keine dieser Lehren wahrhafter war als die anderen und daß infolgedessen keine derselben als zweifellose und unfehlbare Wahrheit angenommen werden könne.

III.

*Die Notwendigkeit einer neuen, dem Grade
der Aufklärung entsprechenden Lehre*

9. Die Unerreichbarkeit des Glückes in diesem Leben, die Ausbreitung der Aufklärung unter den Menschen, der Verkehr, der die Kenntnis der religiösen Lehren verschiedener Völker verbreitete, verursachte, daß das Vertrauen in die hergebrachten Lehren immer mehr schwand.

10. Die Forderung nach der Lösung des Sinnes des Lebens wurde immer dringender und der Auflösung des Widerspruches zwischen dem Wunsche nach Glück und Leben einerseits und der steigenden Gewißheit des Elendes und des Todes andererseits.

11. Der Mensch wünscht Wohlfahrt und sieht in derselben den Sinn des Lebens; doch je länger er lebt, desto klarer wird ihm, daß ein Wohlergehen für ihn unmöglich ist. Der Mensch wünscht Leben und die Fortsetzung des Lebens und sieht, daß sowohl er selbst wie alles, was ihn umgiebt, unausweichlicher Zerstörung und Vernichtung verfallen ist. Der Mensch besitzt Vernunft und sucht eine vernünftige Lösung der Erscheinungen des Lebens, findet aber keine vernünftige Lösung weder im eigenen Leben noch im Leben der anderen.

12. Während in älteren Zeiten das Bewußtsein dieses Widerspruches zwischen dem Wunsche nach Wohlfahrt und Dauer des Lebens und der Unvermeidlichkeit von Tod und Leid nur den hervorragendsten Geistern zugänglich war, einem Salomon, Buddha, Sokrates, Laotse und anderen, so wurde dies später eine allen offenbare Wahrheit, und mehr als je wurde eine Lösung dieses Widerspruches notwendig.

13. Und gerade zu der Zeit als die Lösung dieses Widerspruches zwischen dem Streben nach Wohlfahrt und Leben und des Bewußtseins der Unerreichlichkeit desselben so peinlich notwendig geworden war für die Menschen, wurde ihnen diese Lösung gegeben durch die christliche Lehre in ihrem wahren Sinne.

IV.

Die Lösung des Widerspruches des Lebens
und die Erklärung seines Sinnes, gegeben
durch die christliche Lehre in ihrem wahren Sinne

14. Die alten Lehren versuchten den Widerspruch des menschlichen Lebens zu verhüllen durch die Behauptung eines Gott – Schöpfers, Erhalters und Erlösers; die christliche Lehre im Gegenteil zeigt dem Menschen diesen Widerspruch in seiner ganzen Stärke, zeigt, daß dieser Widerspruch bestehen müsse und leitet eben aus der Anerkennung dieses Widerspruches dessen Lösung ab. Dieser Widerspruch läßt sich im folgenden feststellen:

15. Es ist wahr, daß der Mensch der einen Seite nach ein Tier ist und nicht aufhören kann, Tier zu sein, so lange er im Fleische lebt, aber andererseits ist er ein geistiges Wesen, welches alle die Forderungen des Tieres im Menschen zurückweist.

16. Während des ersten Abschnittes seines Lebens lebt der Mensch ohne Selbstbewußtsein des Lebens, – hier lebt nicht er, sondern durch ihn lebt jene Lebensmacht, die in allem lebt was wir kennen.

17. Der Mensch beginnt sein eigenes Leben, wenn er zum Bewußtsein erwacht, daß er lebt. Er wird sich bewußt, wenn er erkennt, daß er Wohlfahrt für sich erstrebt und die anderen Wesen dasselbe erstreben. Diese Erkenntnis ergiebt sich ihm mit dem Erwachen seiner Vernunft.

18. Wenn er erkannt hat, daß er lebe und sein Wohlsein erstrebe und daß die andern Wesen dasselbe erstreben, entdeckt der Mensch notwendig, daß die Wohlfahrt, die er für sich als abgesondertes Wesen erstrebt, unerreichbar ist, und daß seiner anstatt dieser ersehnten Wohlfahrt unausbleiblich Leiden und Tod harre. Dieselben Mühseligkeiten harren aber auch aller anderen Wesen. So tritt hier ein Widerspruch hervor, für welchen der Mensch eine Lösung sucht, eine Lösung, die seinem Leben, wie es gegeben ist, einen vernünftigen Sinn giebt. Er wünscht, daß sein Leben sich entweder so fortsetze, wie es vor dem Erwachen

der Vernunft war, das heißt rein tierisch, oder aber, daß es rein geistig werde.

19. Der Mensch wünscht, entweder ein Tier oder ein Engel zu werden, kann aber weder das eine noch das andere werden.

20. Und hier kommen wir zu der Lösung des Widerspruches, wie ihn die christliche Lehre bietet. Diese verkündet dem Menschen, daß er weder ein Tier noch ein Engel ist, sondern ein Engel, geboren aus einem Tiere, eine geistige Existenz, geboren aus einer tierischen, und daß unser ganzes Leben in dieser Welt nichts anderes ist als der Prozeß dieser Geburt.

V.
Die Geburt des geistigen Wesens

21. So wie der Mensch zu vernünftigem Bewußtsein geboren ist, leuchtet ihm kraft dieses Bewußtseins ein, daß er seine Wohlfahrt erstrebe. Und indem dieses vernünftige Bewußtsein geboren wird in seinem abgesonderten Sein, so scheint es ihm, daß dieses Streben nach Wohlsein auf dieses abgesonderte Sein bezogen ist.

22. Aber dasselbe vernünftige Bewußtsein, demgemäß er sich selbst als abgesondertes Wesen erscheint, welches die eigene Wohlfahrt erstrebt, zeigt ihm, daß diese abgesonderte Existenz unvereinbar ist mit dem Streben nach Wohlfahrt und Leben, welches er mit derselben verbindet. Er sieht ein, daß dies abgesonderte Wesen weder das Wohlsein genießen, noch leben kann.

23. „Was also bildet das wahre Leben?" fragt er sich selbst und er nimmt wahr, daß das wahre Leben weder in ihm selbst noch in den Wesen, die ihn umgeben, sich befinde, sondern einzig in dem, was nach Wohlfahrt strebt.

24. Und, nachdem er dies entdeckt, hört der Mensch auf, sein eigenes abgesondertes und sterbliches körperliches Wesen als sein Selbst zu betrachten, sondern betrachtet als sein Selbst dasjenige Wesen, welches untrennbar von den andern, geistig und

daher auch unsterblich sich ihm durch sein vernünftiges Selbstbewußtsein enthüllt.

Dies ist die Geburt des neuen geistigen Wesens im Menschen.

VI.
Worin besteht dieses im Menschen neugeborene Wesen?

25. Das Wesen, welches sich im Menschen durch sein vernünftiges Selbstbewußtsein offenbart, ist das Streben nach Wohlfahrt, – dieses selbe Streben nach Wohlfahrt, welches früher als Ziel des Lebens betrachtet wurde, aber mit dem Unterschiede, daß dieses Streben nach Wohlfahrt bei dem früheren Wesen bezogen war auf eine abgesonderte leibliche Existenz und sich seiner selbst nicht bewußt war, während das gegenwärtige Streben nach Wohlfahrt sich seiner selbst bewußt ist und sich nicht bloß auf irgend eine abgesonderte Existenz bezieht, sondern auf alles, was existiert.

26. In der ersten Periode des Erwachens der Vernunft scheint es dem Menschen, daß das Streben nach Wohlfahrt, welches er als sein wahres Selbst erkennt, sich bloß auf den Körper bezieht, in welchem es eingeschlossen ist.

27. Aber je klarer und bestimmter die Vernunft sich entfaltet, desto klarer wird es in dem Maße des wachsenden Selbstbewußtseins, daß das *wahre Selbst* des Menschen nicht sein Körper ist (dem das wahre Leben fehlt), sondern eben dieses wahre Streben nach Wohlfahrt ist, das Streben nach der Wohlfahrt von allem, was existiert, das heißt der allgemeinen Wohlfahrt.

28. Das Streben nach der allgemeinen Wohlfahrt ist es, welches allem das Leben giebt, was existiert, und das ist es, was wir Gott nennen.

29. So daß das Wesen, welches sich dem Menschen in seinem Bewußtsein offenbart, welches in ihm auflebt, welches allem, was existiert, das Leben giebt – Gott ist.

VII.

*Gott wird, der christlichen Lehre entsprechend,
im Menschen selbst erkannt*

30. Den früheren Lehren entsprechend, hatte der Mensch, um Gott zu erkennen, zu glauben, was ihm andere Menschen erzählten: wie Gott, nach ihrer Voraussetzung, die Welt und den Menschen erschuf und sich diesem dann offenbarte, während, der christlichen Lehre entsprechend, der Mensch Gott in sich selbst erkennt, unmittelbar durch sein eigenes Bewußtsein.

31. Das Bewußtsein offenbart dem Menschen, daß das Wesen seines Lebens das Streben nach allgemeiner Wohlfahrt ist, etwas, was sich in Worten nicht erklären und aussprechen läßt und zugleich doch das Nächste und Begreiflichste ist für den Menschen.

32. Zuerst als das Leben der gesonderten Tierwelt im Menschen erwachend, dann als das Leben jener Wesen, die er liebt, entfaltet sich das Prinzip des Strebens nach Wohlfahrt in seinem vernünftigen Sinne und ist erwacht als das Streben nach allgemeiner Wohlfahrt. Dieses Streben ist die Quelle alles Lebens, ist die Liebe, ist Gott; wie das Evangelium sagt: „Gott ist die Liebe."

VIII.

*Gott wird, der christlichen Lehre
entsprechend von Menschen
auch außer dem Menschen selbst erkannt*

33. Aber außerdem, daß Gott im Menschen selbst, als das Streben nach allgemeiner Wohlfahrt, als die Liebe erkannt wird, hat der Mensch noch, derselben Lehre entsprechend, Kenntnis von Gott außer dem Menschen selbst in allem was existiert.

34. Sich des ungesonderten geistigen Wesens von Gott in seinem gesonderten Leibe bewußt werdend und denselben Gott in allem, was lebt, gegenwärtig schauend, kann der Mensch nicht anders als fragen, warum Gott, ein geistiges Wesen, das eines ist und unteilbar, sich selbst eingeschlossen hat in die abgesonder-

ten Körper der Wesen und in den individuellen Leib des Menschen.

35. Warum hat das geistige und unbedingte Wesen sich selbst derart zerteilt? Warum wird die göttliche Wesenheit begrenzt in der Bedingtheit von Individualität *und* Stoff? Warum wurde das Unsterbliche eingeschlossen in das Sterbliche und mit dem*selben* verbunden?

36. Darauf kann es nur eine Antwort geben. Es giebt einen höheren Willen, dessen Beweggründe für den Menschen unbegreiflich sind. Und dieser höhere Wille hat den Menschen und alles was existiert, dorthin versetzt, wo sie sich befinden. Dieser selbe Wille, dies Streben nach allgemeiner Wohlfahrt, diese Liebe, welche, aus einer für den Menschen unergründlichen Absicht, sich selbst eingeschlossen in Wesen, die vom übrigen All abgesondert sind, ist derselbe Gott, den der Mensch in sich selbst erkennt, und der *so außer* ihm erscheint.

So daß der christlichen Lehre entsprechend, Gott diejenige Wesenheit ist, die der Mensch *ebenso in sich erkennt, wie auch im ganzen Universum* als das Streben nach Wohlsein, und welche zu gleicher Zeit die Ursache ist, dergemäß diese Wesenheit sich einschließt und bedingt im individuellen und körperlichen Leben.

Entsprechend der christlichen Lehre ist Gott jener Vater, der, wie im Evangelium erzählt wird, seinen Sohn in die Welt sandte, als wenn er es selbst wäre, um seinen Willen zu vollstrecken, der die Wohlfahrt von allem ist, was existiert.

IX.

*Die Wahrheit des christlichen Verständnisses des Lebens,
bekräftigt durch die äußere Offenbarung Gottes*

37. Im vernünftigen Menschen offenbart Gott sich selbst als das Streben nach allgemeiner Wohlfahrt; in der Welt offenbart Gott sich selbst in gesonderten Wesen, die jedes nach der eigenen Wohlfahrt streben.

38. Es ist jedoch unbekannt und kann auch nie erkannt werden, warum es für das eine geistige Wesen, Gott, notwendig war, sich selbst im vernünftigen Menschen als Streben nach allgemeiner Wohlfahrt und in den gesonderten Wesen als deren Streben nach der eigenen Wohlfahrt zu verkörpern, der Mensch kann aber nicht umhin zu sehen, daß beides auf das gleiche bestimmte Ziel hinführt, welches ebenso erreichbar als erfreulich für den Menschen ist.

39. Dieses Ziel offenbart sich dem Menschen durch Beobachtung, Tradition und Vernunft. Die Beobachtung zeigt ihm, daß aller Fortschritt im menschlichen Leben (so weit er uns bekannt ist), einzig darin bestand, daß Menschen und andere Lebewesen, vorerst voneinander getrennt und einander feindlich gegenüberstehend, in immer engerer Einheit verbunden werden durch Eintracht und gegenseitigen Einfluß. Die Tradition zeigt ihm, daß die Weltweisen lehrten, daß die Menschheit von der Trennung zu Einheit fortschreiten müsse, daß, wie der Prophet sagt, die Menschen von Gott gelehrt und die Speere und Schwerter in Pflüge und Winzermesser umgeschmiedet werden müßten, daß, wie Christus sagte, alle eins werden sollten wie er eins war mit dem Vater. Die Vernunft zeigt ihm, daß die größte Wohlfahrt der Menschen, nach der alle streben, einzig durch vollkommene Vereinigung und Einigkeit unter den Menschen erreicht werden könne.

40. Wenn auch das letzte Ziel der Existenz der Welt für den Menschen verborgen ist, so erkennt er demungeachtet, worin das nächste Ziel der Welt besteht, an welchem teilzunehmen er berufen ist, nämlich die Herstellung von Einheit und Übereinstimmung an der Stelle der Teilung und des Zwistes.

41. So zeigen Beobachtung, Tradition und Vernunft dem Menschen, daß dies Werk, an welchem teilzunehmen er berufen ist, das Werk Gottes ist. Und die innere Tendenz jenes geistigen Wesens, der Liebe, welches im Prozesse der Geburt in ihm begriffen ist, zieht ihn in dieselbe Richtung.

42. Die innere Tendenz des geistigen Wesens, welches im Menschen geboren wird, besteht nur im Wachsen der Liebe in

seinem Innern. Und dieses selbe Wachsen der Liebe und nichts anderes wirkt zusammen mit dem Werke, welches sich in der Welt vollzieht – die Herstellung der Einheit und Übereinstimmung an der Stelle der Teilung und des Zwistes – was man in der christlichen Lehre die Errichtung des Reiches Gottes nennt.

43. So daß, wenn noch irgend ein Zweifel in diese Wahrheit bestände, dies Zusammenwirken der inneren Bestrebungen des Menschen mit der Tendenz des Lebens in der ganzen Welt die christliche Definition des Lebens und seines Sinnes bekräftigen würde.

X.
Das Leben in dieser Welt, wie es die christliche Lehre offenbart

44. Einmal in das neue Leben geboren, ist sich auch der Mensch bewußt, daß in seiner gesonderten Individualität das Streben nach Wohlfahrt, nicht bloß für sich selbst, sondern für alles, was existiert, – die Liebe eingeschlossen ist.

45. Wäre dies Streben nach allgemeiner Wohlfahrt, diese Liebe nicht eingeschlossen in einem besonderen Wesen, so wäre es sich seiner Existenz nicht bewußt und bliebe immer sich selbst gleich, aber eingeschlossen in die Schranken eines besonderen Wesens, des Menschen, ist es sich seiner selbst und seiner Schranken bewußt und strebt zu zersprengen das, was es gefangen hält.

46. Ihrer Natur gemäß strebt die Liebe alles, was ist, zu umfassen. Sie dehnt ihre natürliche Beschränkung aus, erstens in der Liebe zur eigenen Familie, zu Weib und Kind, dann in der Liebe zu Freunden, zu den eigenen Landsleuten; doch die Liebe begnügt sich nicht damit und sucht alles zu umfassen.

47. Das Wesen des wahren Lebens des Menschen in dieser Welt besteht zweifellos in der fortgesetzten Ausdehnung des Gebietes der Liebe. Das ist das Wesen des neuen Lebens, das im Menschen geboren wird. Das Verweilen des Menschen in dieser Welt von der Geburt bis zum Tode ist nichts als diese Geburt des

geistigen Wesens in ihm, und diese ununterbrochene Geburt ist das wahre Leben, wie es die christliche Lehre verkündet.

48. Wir können uns vorstellen, daß das, was nun unseren Körper bildet, dieses augenscheinlich gesonderte Wesen, welches wir vor allem lieben, in irgend einer Periode unseres vergangenen tieferstehenden Lebens nur die Anhäufung von geliebten Gegenständen war, die die Liebe zu einem Ganzen vereinte, so daß wir dasselbe in diesem Leben als unser Selbst empfinden, und daß in derselben Weise unsere gegenwärtige Liebe zu dem was uns zugänglich ist, in einem künftigen Leben alle diese Gegenstände zu einem Ganzen vereinigen wird, welches uns dann so nahe stehen wird, wie jetzt unser Körper. („In meines Vaters Hause giebt es viele Wohnungen.")

XI.

Worin unterscheidet sich das neue, von der christlichen Lehre geoffenbarte Leben von dem früheren Leben [?]

49. Der Unterschied zwischen dem persönlichen Leben und dem wahren Leben besteht in folgendem. Das Ziel des persönlichen Lebens ist die Lust des äußeren (leiblichen) Lebens zu vermehren und dieses zu verlängern. Aber trotz aller Anstrengungen kann dieses Ziel nie erreicht werden, weil der Mensch weder die Macht hat, über die äußeren Bedingungen, welche die Lust hindern, noch über die mannigfaltigen Beschwerden, die ihn zu jeder Zeit betreffen können. Hingegen ist das Ziel des wahren Lebens die Ausdehnung und größere Innigkeit der Liebe, welche alle die äußeren Ursachen nicht hindern können (wie Gewalt, Krankheit, Leiden, welche die Erfüllung des Zieles des persönlichen Lebens hindern), sondern diese wirken mit, die Erfüllung des geistigen Zieles zu fördern.

50. Es ist derselbe Unterschied wie der zwischen den Arbeitern der Parabel im Evangelium, wo die einen, in den Garten des Herrn gesendet, ihrem Gebieter die Früchte vorenthielten, dieselben für sich beanspruchend, während die andern, anerken-

nend, daß sie bloß Arbeiter sind, die Aufträge des Hausherrn vollführten.

ZWEITER TEIL.
SÜNDEN

XII.

Was hindert den Menschen, das wahre Leben zu leben [?]

51. Um seine Bestimmung zu erfüllen, muß der Mensch die Liebe in sich vergrößern und in der Welt kundthun. Und dieses Wachstum und diese Offenbarung der Liebe ist eben das was nötig ist, um das Werk Gottes zu vollbringen. Aber wie kann der Mensch die Offenbarung der Liebe durchführen?

52. Die Grundlage des wahren Lebens ist das Streben nach der allgemeinen Wohlfahrt. Indem die Liebe im Menschen eingeschlossen ist in die Schranken eines begrenzten Wesens, strebt sie naturgemäß diese Schranken zu erweitern. Daher ist es nötig, daß der Mensch alles thue, um die Offenbarung der Liebe zu verwirklichen. Es entspricht ihrem eigenen Streben, sich selbst zu offenbaren; der Mensch hat bloß nötig, die Hindernisse, die sich in den Weg stellen, zu entfernen.

Worin bestehen also diese Hindernisse?

53. Die Hindernisse, die die Offenbarung der Liebe bei dem Menschen hindern, sind sein Körper – seine Absonderung von den anderen Wesen – und die Thatsache, daß er, sein Leben mit der Kindheit beginnend (während welchen Zeitraumes er einzig in dem abgesonderten Dasein seines tierischen Lebens lebt), auch später, wenn seine Vernunft erwacht, sich nicht losmachen kann von dem Streben nach dem Wohlsein seiner gesonderten Existenz und so Handlungen begeht, die im Widerspruch stehen mit der Liebe.

XIII.

Die Natur der Hindernisse der Offenbarung der Liebe

54. Liebe, das Streben nach allgemeiner Wohlfahrt, stößt im Drange nach ihrer Offenbarung reichlich auf Hindernisse im menschlichen Leibe, weil die Vernunft, welche die Liebe befreit, im Menschen nicht bei seinem ersten Erscheinen auf dieser Erde erwacht, sondern viel später, wenn er bereits seine tierischen Gewohnheiten angenommen hat. Woher kommt das?

55. Der Mensch kann nicht anders als fragen: Warum ist ein geistiges Wesen, die Liebe, eingeschlossen in das gesonderte Dasein des Menschen? Und diese Frage wird in verschiedener Weise beantwortet von verschiedenen Lehren. Manche pessimistische Lehren antworten, daß diese Abschließung des geistigen Wesens im menschlichen Körper ein Mißverständnis ist, welches durch die Zerstörung des menschlichen Körpers, des tierischen Lebens gut gemacht werden müsse. Andere lehren, daß die Voraussetzung der Existenz eines geistigen Wesens ein Mißverständnis sei und gutgemacht werden müsse durch die Erkenntnis, daß einzig der Körper und seine Gesetze eine wirkliche Existenz haben. Keinerlei derartige Ansichten lösen die Frage; die eine leugnet einfach die Gesetzmäßigkeit des Leibes, die andere die des Geistes. Die christliche Lehre allein löst diesen augenscheinlichen Widerspruch.

56. Auf den Rat des Versuchers, daß Christus seinen Körper zerstören solle, wenn er, nicht seinem eigenen Willen entsprechend, die Forderungen seines tierischen Lebens befriedigen könne, antwortete Christus, daß man nicht dem Willen Gottes widerstreben solle, der uns in dieses Leben als gesonderte Wesen gesetzt hat; daß wir aber in diesem gesonderten Dasein ihm allein dienen sollen.

57. Um den Widerspruch des Lebens der christlichen Lehre entsprechend zu lösen, ist nötig, weder das Leben des gesonderten Wesens zu zerstören, was dem göttlichen Willen zuwider wäre, der es gegeben hat, noch auch den Forderungen des tierischen Lebens des gesonderten Daseins sich zu unterwerfen, das

heißt, im Widerspruch mit dem geistigen Wesen zu handeln, welches das wahre „Selbst" des Menschen ausmacht, sondern in dem Körper, welcher das wahre Selbst des Menschen in sich schließt, Gott allein zu dienen.

58. Das wahre „Selbst" des Menschen, die unendliche Liebe, die in ihm lebt, fortwährend zu wachsen strebt und das Wesen seines Lebens ausmacht, ist eingeschlossen in die Schranken des tierischen Lebens des gesonderten Daseins und strebt fortwährend, sich von ihnen zu befreien.

59. Diese Befreiung des geistigen Wesens von der tierischen Individualität, diese Geburt des geistigen Wesens bildet das wahre Leben des Menschen, sowohl das individuelle wie auch der ganzen Menschheit.

60. Die Liebe in jedem einzelnen Menschen, wie auch in der Menschheit, gleicht dem Dampf, der in einem Kessel eingeschlossen ist. Der Dampf dehnt sich aus, treibt die Kolben und vollbringt seine Arbeit. Sofern der Dampf seine Arbeit vollbringen soll, müssen die Kolben Widerstand entgegensetzen. So auch, wenn die Liebe ihr Werk thun soll, muß der Widerstand der Schranken des gesonderten Wesens vorhanden sein, welches sie einschließt.

XIV.
Was der Mensch nicht thun soll,
um das wahre Leben zu leben

61. Während der Kindheit und manchmal auch länger, lebt der Mensch als ein Tier, erfüllend den Willen Gottes, den er dann als Streben nach der Wohlfahrt seines gesonderten Seins kennt; und er kennt kein anderes Leben.

62. Nachdem er zu vernünftigem Bewußtsein erwachte, betrachtet der Mensch noch immer diesen gesonderten Körper als sich selbst, obschon er weiß, daß sein Leben in Wahrheit in seinem geistigen Wesen beruhe und infolge festgesetzter Gewohnheiten des tierischen Lebens vollbringt er Handlungen, welche

die Wohlfahrt des gesonderten Daseins zum Ziele haben, und die der Liebe widersprechen.

63. So handelnd, beraubt sich der Mensch nicht bloß der Wohlfahrt des wahren Lebens, sondern er vergeht sich auch gegen die Wohlfahrt der gesonderten Existenz; derart handelnd, begeht er *Sünden*. Diese Sünden bilden die angeborenen Hindernisse der Offenbarung der Liebe im Menschen.

64. Und diese Hindernisse werden vergrößert dadurch, daß Menschen früherer Generationen, welche Sünden begangen haben, die Gewohnheiten und Formen derselben auf spätere Geschlechter übertragen.

65. So daß jeder Mensch Sünden unterworfen ist, das heißt Hindernissen der Offenbarungen der Liebe, sofern er in seiner Kindheit sich Gewohnheiten aneignete, die mit dem persönlichen Leben seines gesonderten Daseins zusammenhängen, und sofern diese selben Gewohnheiten des persönlichen Lebens auf ihn übertragen wurden von seinen Vorfahren durch Überlieferung.

XV.
Die drei Arten der Sünden

66. Es giebt drei Arten von Sünden:

a) Sünden, die von dem unausrottbaren Streben des Menschen nach persönlicher Wohlfahrt – während er in dem ihm angeborenen Leibe lebt – entspringen: – natürliche Sünden.

b) Sünden, welche aus der Überlieferung, den Institutionen und Gewohnheiten entspringend, der Vergrößerung der persönlichen Wohlfahrt dienen sollen: – überlieferte, soziale Sünden.

c) Sünden, welche aus dem Streben des individuellen Menschen nach Steigerung und Vergrößerung der persönlichen Wohlfahrt ihres gesonderten Daseins entspringen: – künstliche, persönliche (individuelle) Sünden.

67. Die Menschen begehen angeborene Sünden, wenn sie ihre Wohlfahrt in der Erhaltung und Steigerung des tierischen Wohl-

seins und ihren gesonderten Persönlichkeiten suchen. Jede Thätigkeit, die auf Steigerung der tierischen Wohlfahrt der eigenen Persönlichkeit abzielt, ist eine solche angeborene Sünde.

68. Überlieferte Sünden sind diejenigen, welche die Menschen begehen, wenn dieselben Vorteil ziehen aus bestehenden Weisen der Steigerung der Wohlfahrt ihrer gesonderten Persönlichkeiten, – Weisen, die von Menschen früherer Zeiten eingeführt worden waren. Alle Vorteile, die aus Institutionen und Gewohnheiten gezogen werden, die zum Zwecke der Wohlfahrt der eigenen Persönlichkeit begründet worden sind, sind solche überlieferte Sünden.

69. Persönliche oder künstliche Sünden begehen die Menschen, wenn sie zu den überlieferten neue Arten der Steigerung der Wohlfahrt ihrer gesonderten Persönlichkeiten erfinden. Jede neue Weise, welche vom Menschen erfunden wird zur Steigerung der Wohlfahrt seiner gesonderten Persönlichkeit ist eine solche persönliche Sünde.

XVI.

Einteilung der Sünden

70. Es giebt sechs Arten von Sünden oder Hindernissen der Offenbarung der Liebe im Menschen:

a) Die sinnliche Sünde, welche darin besteht, daß man sich vermittelst der Befriedigung seiner Bedürfnisse Lust zu bereiten sucht.

b) Die Sünde der Trägheit, welche in der Befreiung seiner selbst von der Notwendigkeit der Arbeit zum behufe der Befriedigung seiner Bedürfnisse besteht.

e) Die Sünde des Geizes, welche darin besteht, daß man sich die Macht verschafft, seine Bedürfnisse in der Zukunft zu befriedigen.

d) Die Sünde des Ehrgeizes, welche in der Unterjochung der Mitgeschöpfe unter die eigene Macht besteht.

e) Die geschlechtliche Sünde, welche darin besteht, daß man sich durch den geschlechtlichen Trieb Vergnügen bereitet.

f) Die Sünde der Berauschung, welche in der Bereitung künstlicher Erregungen der eigenen körperlichen oder geistigen Fähigkeiten besteht.

XVII.
Sinnliche Sünden

71. Der Mensch muß notgedrungen seine körperlichen Bedürfnisse befriedigen und im unvernünftigen Zustande befriedigt er sie genau ebenso, wie jedes andere Tier, sich in dieser Befriedigung weder einschränkend, noch dieselben steigernd und findet hierin seine Wohlfahrt.

72. Aber beim ersten Erwachen des vernünftigen Bewußtseins scheint es dem Menschen, daß die Wohlfahrt seiner gesonderten Existenz in der Befriedigung seiner Bedürfnisse besteht und er ersinnt Mittel, um die Lust, die aus dieser Befriedigung entspringt, zu steigern. Er benutzt also die Mittel der lustvollen Befriedigung von individuellen Bedürfnissen, die von seinen Vorfahren eingeführt worden waren und er selbst erfindet neue und noch lustvollere Mittel der Befriedigung. Hierin besteht die sinnliche Sünde.

73. Wenn der Mensch ißt oder trinkt, ohne hungrig zu sein; wenn er sich kleidet, nicht zu dem Zwecke, seinen Körper vor der Kälte zu schützen; wenn er ein Haus baut, ohne die Absicht sich vor dem Regen zu schützen, sondern dieses thut, um das Vergnügen, das aus der Befriedigung dieser Bedürfnisse entspringt, zu vergrößern, so begeht er angeborene sinnliche Sünden.

74. Wenn ein Mensch, geboren und erzogen in den Gewohnheiten des Überflusses von Trinken, Essen, Kleidung und Wohnung, diese Gewohnheiten fortsetzt und Vorteil zieht von dem Überflusse, den er besitzt, ein solcher Mensch begeht überlieferte sinnliche Sünden.

75. Wenn ein Mensch, bereits im Überfluß lebend, noch neue und lustvollere Mittel zur Befriedigung seiner Bedürfnisse erfindet, solche, welche die ihn Umgebenden noch nicht gebrauchen; wenn er neue, noch mehr verfeinerte Speisen und Getränke einführt, anstatt der früheren einfacheren; neue feinere Kleider anstatt der früheren Kleidung, die genügte, seinen Leib zu bedecken; wenn er ein·anderes Haus baut mit neuen Ornamenten, anstatt des früheren kleineren, einfacheren, ein solcher Mensch begeht persönliche sinnliche Sünden.

76. Die sinnliche angeborene, überlieferte oder persönliche Sünde besteht darin, daß der Mensch seine Geburt in das neue geistige Leben durch Streben nach der Wohlfahrt seiner gesonderten Existenz mittelst Befriedigung und Steigerung seiner Bedürfnisse hindert.

77. Obendrein erreicht der Mensch, der derart handelt, nicht das Ziel, das er erstrebt, denn seine Bedürfnisse steigernd, macht er die Wahrscheinlichkeit geringer, dieselben befriedigen zu können und verringert so das Vergnügen, welches aus deren Befriedigung entspringt. Je öfter ein Mensch ißt, und je verfeinertere Speisen er genießt, destoweniger Vergnügen wird ihm das Essen bereiten. Und so verhält es sich auch mit der Befriedigung der anderen tierischen Bedürfnisse.

XVIII.
Die Sünde der Trägheit

78. Der Mensch, ebenso wie die Tiere, muß seine Kraft üben, und seine Kraft ist naturgemäß dazu bestimmt, die Dinge zu erlangen, die zur Befriedigung seiner Bedürfnisse nötig sind. Nach einer derartigen Arbeit bedarf der Mensch der Ruhe.

79. Bevor er zum wahren Bewußtsein gelangt, wechselt der Mensch, ebenso wie die Tiere, sich die für das Leben nötigen Gegenstände verschaffend, zwischen Arbeit und Ruhe ab, und findet in dieser natürlichen Ruhe sein Wohlsein.

80. Aber mit der neuerwachten Vernunft trennt der Mensch die Arbeit von der Ruhe und findet die Ruhe angenehmer als die Arbeit und versucht, die eine zu verlängern, die andere abzukürzen, durch Gewalt oder List seinen Bedarf zu ergänzen. Hierin besteht die Sünde des Müßigganges oder der Trägheit.

81. Wenn ein Mensch, aus der Arbeit anderer Vorteil ziehend, rastet, wenn er noch arbeiten sollte, so begeht er die angeborene Sünde der Trägheit.

82. Wenn ein Mensch geboren wurde und fortlebt in einer Stellung, wo er selbst nicht verpflichtet zu arbeiten, seinen Vorteil aus der Arbeit anderer zieht, und diesen Stand der Dinge aufrechterhält, so begeht ein solcher Mensch die überlieferte Sünde der Trägheit.

83. Wenn ein Mensch geboren ist und fortlebt unter solchen, die gewohnt sind, von der Arbeit anderer Vorteil zu ziehen, und neue Mittel erfindet, um sich von der Arbeit zu befreien, die er früher leistete und diese Arbeit so auf andere wälzt; wenn ein Mensch, der früher seine Kleider selbst reinigte, einen andern zu dieser Arbeit anhält; jemand, der früher seine eigenen Briefe geschrieben, seine eigenen Rechnungen gemacht, seine eigenen Geschäfte verrichtet, andere anhält, diese Arbeit zu thun, während er selbst seine Mußezeit in Ruhe oder mit Erholungen verbringt, so begeht ein solcher Mensch die persönliche Sünde der Trägheit.

84. Die Thatsache, daß der Mensch nicht alles für sich thun kann und daß Teilung der Arbeit oft das Werk verbessert und erleichtert, kann nicht rechtfertigen, daß sich ein Mensch entweder von der Arbeit überhaupt befreie oder von der schweren Arbeit zu Gunsten der leichten. Jedes Produkt der Arbeit, welches der Mensch benützt, fordert entsprechende Arbeit von ihm, nicht aber Erleichterung der Arbeit, noch auch vollständige Befreiung von derselben.

85. Die angeborene, überlieferte oder persönliche Sünde der Trägheit besteht darin, daß der Mensch seine eigene Arbeit unterläßt und von der Arbeit anderer Vorteil zieht, während er das Gegenteil beabsichtigen sollte, indem wahre Wohlfahrt nur

durch den Dienst anderer erlangt werden kann.

86. Außerdem geht für den Menschen, der so handelt, eher das Vergnügen verloren, welches er sucht, denn das Vergnügen an der Ruhe kann nur erreicht werden nach der Arbeit; je weniger Arbeit, destoweniger Vergnügen an der Muße.

XIX.
Die Sünde des Geizes
oder des Eigentums

87. Die Stellung des Menschen in der Welt ist eine derartige, daß seine leibliche Existenz gesichert ist durch allgemeine Gesetze, denen er ebenso wie alle Tiere unterworfen ist. Seinem Instinkt entsprechend, muß der Mensch arbeiten. Der natürliche Gegenstand seiner Arbeit ist die Befriedigung seiner Bedürfnisse, und diese Arbeit genügt dann vollauf, seine Existenz zu sichern. Der Mensch ist ein geselliges Tier und häuft die Früchte der Arbeit in geselligem Zusammenwirken an, so daß, wenn nicht die Sünde des Geizes wäre, jeder Mensch, der zur Arbeit unfähig geworden ist, alles haben müßte, was zur Befriedigung seiner Bedürfnisse nötig ist. So ist das Wort des Evangeliums, daß man nicht sorgen möge für den kommenden Tag, sondern leben „wie die Vögel des Himmels" kein bloßes Bild, sondern die Feststellung des wirklichen Gesetzes alles gesellschaftlichen tierischen Lebens. Im Koran wird ebenso gesagt, daß es kein Tier auf der Erde gebe, dem Gott nicht seinen Unterhalt gebe.

88. Indem aber, auch nach dem Erwachen der Vernunft, es den Menschen noch lange scheint, daß ihr Leben in der Wohlfahrt ihrer gesonderten Existenz bestehe, und indem diese Existenz zeitlich bedingt ist, so trägt der Mensch besondere Sorge, die Befriedigung seiner Bedürfnisse sich und seiner Familie für die Zukunft zu sichern.

89. Diese spezielle Versicherung zukünftiger Bedürfnisse ist nur möglich dadurch, daß man anderen das Nötige vorenthält

und das ist das Wesen des Eigentums. Dieser Wunsch des Menschen, Eigentum zu gewinnen, zu erhalten und zu vermehren, auf welches der Mensch seine Anstrengungen richtet, bildet die Sünde des Geizes.

90. Wenn ein Mensch die Speise, welche er bereitet oder zur Benutzung des Morgens erhalten [will], als sein ausschließliches Eigentum betrachtet oder die Kleidung und Wohnung zum Gebrauche für sich oder seine Familie für den kommenden Winter, so begeht er die angeborene Sünde des Geizes.

91. Wenn ein Mensch, zur Vernunft erwachend, sich unter· solchen Verhältnissen befindet, daß er gewisse Gegenstände als sein ausschließliches Eigentum betrachtet und dieselben den anderen vorenthält, obschon er dieser Gegenstände nicht nötig hat zur Erhaltung seines Lebens, so begeht er die überlieferte Sünde des Geizes.

92. Wenn ein Mensch, der bereits alles besitzt, um die Befriedigung zukünftiger Bedürfnisse für sich und seine Familie zu sichern, also Dinge, die nicht notwendig sind zur unmittelbaren Erhaltung seines Lebens, und demungeachtet sich und seiner Familie immer mehr Eigentum sichert, welches er anderen vorenthält, so begeht er die persönliche Sünde des Geizes.

93. Die Sünde des Geizes, sowohl die angeborene, als auch die überlieferte und persönliche führt den Menschen dahin, das entgegengesetzte von dem zu thun, wozu er bestimmt ist, indem er, um die künftige Wohlfahrt seiner gesonderten Existenz zu sichern, Reichtümer aufhäuft und diese anderen entzieht: anstatt den Menschen zu dienen, vorenthält er denselben das Nötige.

94. Demungeachtet erreicht der Mensch, der derart handelt, nie sein Ziel, denn die Zukunft ist nicht in der Gewalt des Menschen. Er kann jede Stunde sterben und die zweifellose Gegenwart einer unbekannten und unsicheren Zukunft aufopfernd, betrügt er sich selbst.

XX.

Die Sünde des Ehrgeizes –
die Machtbegierde

95. Der Mensch, ebenso wie die Tiere, befindet sich unter Verhältnissen, die ihn nötigen, mit andern Wesen in Kampf zu treten, zur Befriedigung irgend welcher Bedürfnisse.

96. Das tierische Leben des Menschen wird allein bei der Schädigung anderer Wesen erhalten. Kampf ist die natürliche Bedingung und das Gesetz des tierischen Lebens. Und indem der Mensch vor dem Erwachen der Vernunft ein tierisches Leben lebt, findet er seine Wohlfahrt in diesem Kampfe.

97. Aber wenn das vernünftige Bewußtsein erwacht, so scheint ihm während der ersten Periode dieses Erwachens, daß seine Wohlfahrt vergrößert wird, wenn er eine möglichst große Zahl von Wesen unterjocht und beherrscht. Dementsprechend benützt er seine Macht, um Menschen und andere Wesen zu unterjochen. Hierin besteht die Sünde des Ehrgeizes.

98. Wenn ein Mensch es nötig findet, zur Bewahrung seiner persönlichen Wohlfahrt zu kämpfen und diejenigen Menschen und Tiere bekämpft, die ihn zu überwältigen suchen, so begeht dieser Mensch die angeborene Sünde des Ehrgeizes.

99. Wenn ein Mensch unter bestimmten Machtverhältnissen geboren und aufgewachsen ist, sei er nun der Sohn eines Königs, eines Aristokraten, eines Kaufmanns oder auch eines wohlhabenden Bauern – und in dieser Stellung verbleibend, vom Wettstreit nicht abläßt, der, wenn auch manchmal unbemerkt, doch immer nötig ist, um seine Stellung zu erhalten, so begeht er die überlieferte Sünde des Ehrgeizes.

100. Wenn ein Mensch unter bestimmten bestehenden Bedingungen des Wettstreites, seine Wohlfahrt zu erhöhen, in neuen Kampf eingeht mit Menschen oder anderen Wesen, wenn er seinen Nachbar angreift, um seinen Landbesitz sich anzueignen, oder bestrebt ist, durch Erlangung von Privilegien, Diplomen, Rang, sich eine höhere Stellung zu sichern, als er besitzt, oder [um] seinen Besitz zu vergrößern mit Konkurrenten oder Arbei-

tern kämpft, oder mit anderen Völkern, so begeht ein solcher Mensch die persönliche Sünde des Ehrgeizes.

101. Die angeborene, überlieferte oder persönliche Sünde des Ehrgeizes besteht darin, daß der Mensch seine Macht gebraucht, um durch Kampf die Wohlfahrt seiner gesonderten Existenz zu sichern und so in unmittelbaren Widerspruch tritt mit den Bedingungen des wahren Lebens. Anstatt die Liebe in sich zu vergrößern, das heißt die Hindernisse zu beseitigen, die ihn von den anderen Wesen trennen, türmt er immer größere Hindernisse auf.

102. Außerdem mit Menschen und anderen Wesen in Kampf tretend, erreicht der Mensch das entgegengesetzte von dem, was er erstrebt. Er steigert die Wahrscheinlichkeit, daß andere Wesen ihn angreifen und daß sie ihn überwältigen, anstatt daß er sie überwältigt, und je mehr Erfolge er im Kampfe hat, desto größer muß seine Anstrengung sein.

XXI.
Die geschlechtliche Sünde

103. Der Trieb nach Fortpflanzung des Geschlechtes – der geschlechtliche Trieb – ist dem Menschen angeboren, und in seinem tierischen Zustande erfüllt er seine Bestimmung, indem er diesen Trieb befriedigt und in dieser Erfüllung findet er seine Wohlfahrt.

104. Wenn er aber zur Vernunft erwacht, scheint es dem Menschen, daß die Erfüllung dieses Triebes die Wohlfahrt seiner gesonderten Existenz fördere, und er tritt in geschlechtlichen Verkehr, nicht zum Behufe der Fortpflanzung seines Geschlechtes, sondern um sein persönliches Wohlsein zu steigern. Hierin besteht die geschlechtliche Sünde.

105. Die geschlechtliche Sünde unterscheidet sich von der andern darin, daß in den andern Fällen die vollkommene Enthaltung von der angeborenen Sünde unmöglich, und nur eine Verminderung derselben möglich ist, während bei der geschlecht-

lichen Sünde die vollständige Enthaltung möglich ist. Es verhält sich so, weil vollständige Enthaltung der persönlichen Bedürfnisse nach Speise, Kleidung, Wohnung, das Individuum vernichten würden, ebenso der Wegfall alles sonstigen, alles Besitzes, alles Kampfes, während die vollständige Enthaltung von der Befriedigung des Geschlechtstriebes das Individuum nicht zerstört. Die Enthaltsamkeit einer oder auch mehrerer Personen würden auch das Geschlecht nicht verhindern, sich fortzupflanzen, was der Zweck des Geschlechtstriebes ist. Es ist demnach zur Befriedigung dieses Triebes niemand verpflichtet, sondern es ist jedem einzelnen die Möglichkeit der Enthaltung gegeben.

106. Dem Menschen ist demnach die Wahl zwischen zwei Wegen Gott zu dienen erlaubt. Entweder er mag sich frei haltend vom ehelichen Leben und dessen Folgen, durch sein Leben in dieser Welt erfüllen, was Gott dem Menschen zu erfüllen bestimmt hat; oder er mag, im Bewußtsein seiner Schwäche, den von ihm ernährten und erzogenen Nachkommen die Erfüllung oder doch die Möglichkeit der Erfüllung dessen überlassen, was er selbst nicht erfüllt hat.

Aus dieser Eigentümlichkeit des Geschlechtstriebes, verglichen mit andern Trieben, gehen zwei verschiedene Grade der geschlechtlichen Sünde hervor, je nachdem man den einen oder den anderen Fall gewählt hat.

107. Im ersten Fall, wo man vollkommen keusch zu sein wünscht und alle seine Kräfte dem Dienste Gottes weiht, besteht die geschlechtliche Sünde in jeder Art und Weise des geschlechtlichen Verkehres, mag dieselbe auch die Geburt und Erziehung von Kindern zum Zwecke haben. Der reinste Ehestand wäre eine solche angeborene Sünde für den Menschen, der sich für die Keuschheit entschieden hat.

108. Die überlieferte Sünde wäre für einen solchen Menschen die Fortsetzung des geschlechtlichen Verkehres, wenn auch im ehelichen Leben und mit dem Zwecke der Geburt und Erziehung von Kindern verbunden. Das Ablassen von der überlieferten Sünde würde für einen solchen Menschen im vollständigen Abbrechen jedes geschlechtlichen Verkehres bestehen.

109. Die persönliche oder künstliche Sünde würde für einen solchen Menschen im geschlechtlichen Verkehr mit irgend einer andern Person bestehen, außer derjenigen, mit der er bereits im ehelichen Verhältnisse steht.

110. Im Falle der Mensch den Dienst Gottes mit Fortpflanzung des Geschlechtes gewählt hat, besteht die angeborne Sünde in jedem geschlechtlichen Verkehr, der diese nicht zum Zwecke hat, wie Prostitution, zufällige Verhältnisse, Heiraten wegen Reichtum, Stellung oder Liebeslust.

111. Die überlieferte Sünde für einen solchen Menschen besteht in jedem geschlechtlichen Verkehr, aus welchem keine Kinder hervorgehen können, oder wenn derselbe eingegangen, wenn die Ältern unfähig oder unwillig sind, die aus ihrer Vereinigung hervorgegangenen Kinder aufzuziehen.

113. Wenn eine Person, Mann oder Weib sich für den zweiten Fall entschieden, für die Fortpflanzung des Geschlechtes und bereits im geschlechtlichen Verkehr mit einer Person, in ähnlichen Verkehr mit andern tritt, nicht um eine Familie zu gründen, sondern um seine Lust im geschlechtlichen Verkehr zu steigern, oder die Geburt von Kindern vermeidet oder unnatürlichen Lastern verfällt, eine solche Person begeht die persönliche geschlechtliche Sünde.

114. Die geschlechtliche Sünde, das heißt das Mißverständnis für den Menschen, der sich für die Keuschheit entschieden, besteht in folgendem: Er hätte den höchsten Beruf erwählt und wendete alle seine Fähigkeiten für den Dienst Gottes an und infolgedessen für die Verbreitung der Liebe und zur Erreichung der höchsten Wohlfahrt. Anstatt dessen versinkt er auf eine tiefere Stufe des Lebens und beraubt sich selbst dieser Wohlfahrt.

115. Die geschlechtliche Sünde oder das Mißverständnis der Menschen, die sich für die Fortpflanzung des Geschlechtes entschieden, besteht darin, daß sie, der Geburt von Kindern sich beraubend, sich dadurch zugleich der höchsten Wohlfahrt des geschlechtlichen Lebens berauben.

116. Überdies, so wie mit der Befriedigung aller Bedürfnisse, verhält es sich auch mit dem geschlechtlichen Verkehre. Je mehr

die Menschen ihre Wohlfahrt durch das Vergnügen dieses Ver-
kehrs steigern wollen, desto mehr schwindet das natürliche Vergnügen.

XXII.
Die Sünde der Berauschung

117. Im Naturzustande ist der Mensch ebenso wie die Tiere
fähig, durch äußere Mittel erregt zu werden und diese Erregung
verschafft demselben in seinem tierischen Zustande Vergnügen.

118. Nachdem der Mensch zur Vernunft erwacht ist, merkt er
sich die Ursachen dieses Zustandes der Erregung und versucht
diese Ursachen hervorzurufen und zu steigern, um die Erregung
hervorzurufen. Mit dieser Absicht verzehrt er oder atmet er ein
solche Stoffe, welche Erregung hervorrufen, oder er schafft sich
eine solche Umgebung oder vollzieht solche heftige Bewegungen, die ihn in diesen Zustand versetzen. Hierin besteht die
Sünde der Berauschung.

119. Diese Sünde hat das Eigentümliche, daß sie, während
alle anderen Sünden, die in ihm die Neigung zur Fortsetzung des
tierischen Lebens verstärken, den Menschen, der zu neuem Leben geboren ist, von seiner eigentümlichen Thätigkeit einfach ab-
lenken, aber nicht die Thätigkeit der Vernunft in ihm schwächen
oder verletzen, während die Sünde der Berauschung nicht bloß
die Thätigkeit der Vernunft schwächt, sondern dieselbe zeitweilig und bisweilen bleibend aufhebt. In der That begeht der
Mensch, der sich unnatürliche Erregungen schafft, durch Rauchen, Wein, gewisse täuschende Umgebung oder heftige Bewegungen (wie die Derwische und andere religiöse Fanatiker thun),
in solchem Zustande nicht bloß Handlungen, die dem Tiere eigen sind, sondern selbst solche, die durch deren Sinnlosigkeit
und Grausamkeit den Tieren unnatürlich sind.

120. Die natürliche angeborene Sünde der Berauschung besteht darin, daß der Mensch, der in einem gewissen Zustande der

Erregung Lust empfunden hat, sei derselbe nun durch Speise oder Trank, durch Umgebungen, die auf sein Gesicht oder Gehör wirkten, oder durch gewisse Bewegungen hervorgehen, nicht von dem abläßt, was diese Berauschung hervorgerufen hatte. Wenn der Mensch, ohne die ausdrückliche Absicht, sich zu erregen, Gewürze verzehrt, Thee, Bier oder Cider trinkt, sich selbst oder seine Wohnung schmückt, tanzt oder spielt, so begeht er die angeborene Sünde der Berauschung.

121. Wenn der Mensch in gewissen Gewohnheiten der Berauschung erzogen worden war, wie z. B. Wein, Tabak, Opium zu gebrauchen, zu täuschenden öffentlichen, familiären oder religiösen Schaustellungen, zu gewissen Arten von Bewegung, wie Gymnastik, Tanz, Verbeugungen, Sprüngen und Ähnliches, und diese Gewohnheiten fortsetzt, so begeht er die überlieferte Sünde der Berauschung.

122. Wenn ein Mensch, erzogen in gewissen Gewohnheiten der Berauschung, zu den bisherigen mittels Nachahmung oder eigene Erfindung neue Arten der Berauschung hinzufügt, – nach dem Gebrauche von Tabak, Opium zu tauchen beginnt, nach dem Weingenusse noch Branntwein trinkt oder neue täuschende Ceremonien einführt, erhöhte Aufregung durch die Mittel der Malerei, des Tanzes, des Lichtes, der Musik herbeiführt oder neue Arten aufregender Körperbewegungen, wie Gymnastik, Reiten im Kreise u. dgl. einführt, so begeht ein solcher Mensch die persönliche Sünde der Berauschung.

123. Die angeborene, überlieferte oder persönliche Sünde der Berauschung besteht in dem Bestreben des Menschen, durch äußerliche Ursachen der Aufregung das Bewußtsein zu schwächen und zu verdunkeln, welches ihm den Sinn seines wahren Lebens offenbar macht, anstatt alle seine Geisteskräfte zu gebrauchen, um alles zu entfernen, was das Bewußtsein zu verdunkeln vermöchte.

124. Es ruft ferner noch ein Mensch, der derart handelt, das Entgegengesetzte von dem hervor, was er erstrebt. Die durch äußerliche Ursachen hervorgerufene Aufregung schwindet mit jeder Gabe des Reizmittels und trotz der Steigerung der Gaben

(die die Gesundheit zu Grunde richten), wird die Fähigkeit zur Erregung immer schwächer.

XXIII.
Die Folgen der Sünden

125. Sünden wirken als Hindernisse der Offenbarung der Liebe.

126. Aber nicht bloß dies. Dieselben verursachen dem Menschen die größten Beschwerden. Diese Beschwerden sind zweifach: solche, welche der Mensch erleidet, der die Sünden begeht, und solche, die andere erleiden. Die Beschwerden, die derjenige erleidet, der die Sünden begeht, sind: Verweichlichung, Übersättigung, Erschöpfung, Empfindungslosigkeit, Bangen, Furcht, Verdacht, Ärger, Haß, Hartherzigkeit, Eifersucht, geschlechtliche Unfähigkeit und peinvolle Krankheiten jeder Art. Die Beschwerden, denen andere unterworfen sind, sind Diebstahl, Raub, Schläge, Mord.

127. Wenn es keine Sünden gäbe, so würde es weder Gewaltherrschaft noch Übersättigung, weder Unsittlichkeit noch Diebstahl, weder Raub noch Mord, weder Hinrichtungen noch Kriege geben.

128. Wenn es keine sinnliche Sünde gäbe, so gäbe es keine Not der Bedürftigen, noch die Beschwerden und die Furcht der Üppigen, dann gäbe es weder unnötigen Aufwand von Anstrengungen zur Bewahrung der Vergnügungen des Reichen, noch Unterdrückung der geistigen Fähigkeiten der Armen und jener fortwährende eigentümliche Kampf dieser zwei Klassen, der Verachtung und Furcht auf der einen Seite, Eifersucht und Haß auf der andern hervorbringt, würde nicht bestehen, noch auch würde diese Feindseligkeit von Zeit zu Zeit in Gewaltthat, Todschlag und Meuterei ausbrechen.

129. Gäbe es keine Sünde der Trägheit, so würde man nicht auf der einen Seite durch Arbeit erschöpfte Menschen sehen, auf der andern solche, die durch Unthätigkeit und fortwährendes

Vergnügen lasterhaft geworden sind; die Menschen wären nicht in zwei feindliche Lager geteilt: in die Übersättigten und die Hungernden; die Müßigen und die Überbürdeten.

130. Gäbe es keine Sünde des Geistes, so gäbe es keine Gewalt, die begangen wird, um Eigentum zu erwerben und zu erhalten; so gäbe es keinen Diebstahl, Raub, Kerker, Verbannung, Strafarbeit, Hinrichtungen.

131. Gäbe es keine Sünde des Ehrgeizes, so gäbe es keine so ungeheure und nutzlose Verausgabung menschlicher Kraft zu dem Zwecke, um andere zu unterjochen und die Macht zu bewahren, es gäbe weder Anmaßung und die Herzlosigkeit des Eroberers, noch Unterthänigkeit; Verstellung und Haß der Unterdrückten; es gäbe keine Rangstufen der Familie, der Gesellschaft oder der Völker, noch die Streitigkeiten, Schlägereien, Morde und Kriege, die hieraus entspringen.

132. Gäbe es keine geschlechtliche Sünde, so würde nicht die Sklaverei und das Leiden des Weibes bestehen neben der sittenlosen Freiheit und Verderbnis desselben; es gäbe nicht jene Streitigkeiten, Schlägereien, Morde, die die Eifersucht verursacht, so gäbe keine Erniedrigung des Weibes zu einem Werkzeuge der Lust, keine Prostitution noch unnatürliche Laster, noch die Schwächung der körperlichen und geistigen Kräfte, diese schrecklichen Krankheiten, an denen die Menschen heute leiden, weder verlassene Kinder, noch Kindermord.

133. Gäbe es keine Sünde der Berauschung durch den Gebrauch von Tabak, Wein und Opium, durch wilde aufregende Bewegungen und betrügerische Feierlichkeiten, so würden die Menschen ihre Sünden nicht sorglos begehen; es würden als Ergänzungen zu den Streitigkeiten und Schlägereien nicht noch Plünderungen, Schändungen und Morde hinzutreten, hauptsächlich infolge der Schwächung der geistigen Kräfte, und es gäbe keine zwecklose Verausgabung von Kräften für Dinge, die nicht bloß unnütz, sondern auch oft schädlich sind. Solches vermeidend, würden Menschen, oft vorzügliche Menschen, die Betäubung vermeiden, die nur verursacht, daß sie ihr Leben verbringen, ohne Vorteil für sich selbst und andern zur Last.

DRITTER TEIL.
FALLSTRICKE

XXIV.
Was sind Fallstricke?

134. Die gefährlichen Folgen der Sünden, sowohl für diejenigen, die sie begehen, als auch für die Gesellschaft, in welcher sie begangen werden, waren von den frühesten Zeiten her so zweifellos, daß die Menschen, diese beschwerlichen Folgen einsehend, gegen die Sünden gepredigt und Gesetze gegen dieselben erlassen haben, und diejenigen bestraft, die sie begehen. Diebstahl, Mord, Unsittlichkeit, Verleumdung und Trunkenheit sind verboten worden, aber trotz der Verbote und Strafen haben die Menschen fortgesetzt zu sündigen, ihr eigenes Leben und das ihrer Mitmenschen zerstörend.

135. Das kommt daher, daß es zur Rechtfertigung der Sünden falsche Begründungen giebt, denen entsprechend es scheinen möchte, daß es ausnahmsweise Verhältnisse gäbe, unter welchen die Sünden nicht bloß zu entschuldigen sind, sondern geradezu notwendig wären. Diese falsche Gründe sind die „Fallstricke".

136. Ein Fallstrick (griechisch „skandalos") bedeutet eine Falle. Und in der That, der moralische Fallstrick ist eine Falle, in welche der Mensch fällt, durch die Ähnlichkeit mit dem Guten, und in welcher, wenn er sich fing, er verdirbt. So ist im Evangelium gesagt, daß es Fallstricke (Ursachen von Anstoß) in der Welt geben müsse, aber wehe der Welt wegen ihnen und wehe demjenigen, von dem sie ausgehen.

137. Von diesen Fallstricken, diesen trügerischen Rechtfertigungen kommt es, daß die Menschen den Sünden nicht den Rücken kehren, sondern dieselben fortsetzen und was schlimmer ist, in denselben ihre Nachkommen erziehen.

XXV.
Der Ursprung der Fallstricke

138. Die Geburt des Menschen in das neue Leben erfolgt nicht auf einmal, sondern ebenso wie die leibliche, stufenweise. Die Stöße der Geburt wechseln ab mit Pausen und Rückfällen in die frühere Lage, Offenbarungen des geistigen Lebens mit Offenbarungen des tierischen Lebens; einmal ergiebt sich der Mensch dem Dienste Gottes und findet hierin seine Wohlfahrt, dann wieder kehrt er zum persönlichen Leben zurück, sucht seine Wohlfahrt in seiner gesonderten Existenz, und begeht Sünden.

139. Nachdem er Sünden begangen, wird sich der Mensch des Mangels an Übereinstimmung zwischen den begangenen Handlungen und den Forderungen des Gewissens bewußt. So lange als er bloß Sünden zu begehen wünscht, ist dieser Widerstand [Widerspruch] nicht vollständig klar, aber wenn er die Sünde begangen hat, ist dieser Widerspruch offenbar und der Mensch wünscht ihn zu beseitigen.

140. Es ist aber nur so möglich, den Widerspruch, der in der Handlung und der Lage liegt, in welche der Mensch durch die Sünde geraten, zu beseitigen, wenn er seine Vernunft gebraucht, um eine Rechtfertigung für diese Handlung und diese Lage zu finden.

141. Diese Rechtfertigung des Widerspruches zwischen der Sünde und den Forderungen des geistigen Lebens kann nur beseitigt werden, wenn die Sünden als Resultate von Forderungen des geistigen Lebens dargestellt werden. Und das ist es gerade, was die Menschen thun. Und das ist die Thätigkeit, die man Fallstricke nennt.

142. Von der Zeit an, wo der Widerspruch zwischen dem tierischen und dem geistigen Leben dem Menschen offenbar wurde, von der Zeit an, als der Mensch Sünden zu begehen begann, begann er auch Rechtfertigungen der Sünden zu ersinnen, das ist: Fallstricke. Es wurden deshalb übereinstimmende überlieferte Rechtfertigungen oder Fallstricke unter den Menschen eingeführt, so daß der Mensch gar nicht nötig hatte, selbst Recht-

fertigungen für seine Sünden zu ersinnen, indem die Fallstricke bereits erfunden waren und er bloß die bereitstehenden anzunehmen brauchte.

XXVI.
Einteilung der Fallstricke

143. Es giebt fünf Arten von Fallstricken, um die Menschen zu verderben: der persönliche Fallstrick oder der Fallstrick der Vorbereitung; der Fallstrick der Familie oder der Erhaltung des Geschlechtes; der Fallstrick der Wirksamkeit oder der Nützlichkeit; der Fallstrick der Genossenschaft oder der Treue; der Fallstrick des Staates oder des allgemeinen Wohles.

144. In den individuellen Fallstrick oder den Fallstrick der Vorbereitung fällt der Mensch, wenn er, Sünden begehend, sich durch die Betrachtung zu entschuldigen sucht, daß er sich selbst für eine Thätigkeit vorbereite, die für ihn in Zukunft nützlich sein werde.

145. In den Fallstrick der Familie oder der Erhaltung des Geschlechtes fällt der Mensch, wenn er sich selbst durch die Rücksicht auf das Wohlsein seiner Kinder zu rechtfertigen sucht.

146. In den Fallstrick der Wirksamkeit oder Nützlichkeit fällt der Mensch, wenn er seine Sünden durch den Drang der Notwendigkeit, irgend ein bereits begonnenes Werk fortzusetzen oder zu vollenden, welches ihm nützlich sein soll, zu rechtfertigen sucht.

147. Der Fallstrick der Genossenschaft oder der Treue besteht darin, daß der Mensch seine Sünden durch die Rücksicht auf die Wohlfahrt derjenigen zu rechtfertigen sucht, mit denen er in einer besonderen Verbindung steht.

148. In den Fallstrick des Staates oder des allgemeinen Wohles verfallen die Menschen, wenn sie die Sünden, die sie begehen, durch Rücksicht auf die Wohlfahrt der großen Menge, des Volkes, der Menschheit zu rechtfertigen suchen. Dieser Fallstrick

kam zur Geltung bei Kaiphas, als er die Hinrichtung Christi im Namen der Wohlfahrt vieler forderte.

XXVII.
Der persönliche Fallstrick
oder der Fallstrick der Vorbereitung

149. „Ich weiß, daß der Sinn meines Lebens nicht im Dienste meines Selbst, sondern im Dienste Gottes oder des Menschen liege," sagt der Mensch, der in diesen Fallstrick gerät, „aber damit meine Dienstleistung in derjenigen Vervollkommnung verwirklicht werden könne, welche mich zu einer zukünftigen nützlichen Thätigkeit vorbereiten soll, sind gewisse Abweichungen von den Forderungen des Gewissens notwendig. Ich will dieselben zugestehen. Ich muß eher Kenntnisse erwerben, meine Dienstzeit vollenden, meine Gesundheit herstellen, heiraten, meinen Lebensunterhalt für die Zukunft sicherstellen und indem ich diesen Zielen nachstrebe, kann ich den Forderungen des Gewissens nicht im vollem Maße gehorchen, aber nachdem ich das vollbracht, will ich vollständig den Forderungen meines Gewissens entsprechend leben.

149. Und nachdem der Mensch so die Notwendigkeit der Sorge für sein persönliches Leben zum Behufe des größeren und wirksameren Dienstes der Menschheit und der Offenbarung der Liebe in der Zukunft zugestanden, begeht der Mensch, seiner eigenen Person dienend, Sünden. Er begeht sinnliche Sünden, die Sünde der Trägheit, des Eigentums, des Ehrgeizes und sogar der Unsittlichkeit und der Berauschung, auf dieselben nicht viel Gewicht legend, indem die Nachsicht gegen dieselben doch nur zeitweilig nur für die Zeit der Vorbereitung zu dem zukünftigen aktiven Dienste der Menschen gelten soll.

150. Nachdem aber der Mensch begonnen, seiner Persönlichkeit zu dienen, dieselbe fördernd und bekräftigend und vervollkommnend, vergißt er naturgemäß die Sache, für welche er alles das angeblich thut, und opfert seine besten Jahre, oft sein ganzes

Leben, um sich für einen Dienst vorzubereiten, den er niemals antritt.

151. Denn einstweilen sind ihm die Sünden, die er sich für eine gute Sache zu thun erlaubte, immer mehr zur Gewohnheit geworden, und anstatt der vorausgesetzten nützlichen Thätigkeit für andere, verbringt er sein ganzes Leben in Sünden, welche dieselbe verderben und indem sie anderen Menschen zur Versuchung dienen, dieselben schädigen. Hierin besteht der Fallstrick der Vorbereitung.

XXVIII.
Der Fallstrick der Familie
oder der Erhaltung des Geschlechtes

152. Menschen, insbesondere Frauen, die in das Familienleben eintreten, sind geneigt zu glauben, daß Liebe für die Familie, für deren Kinder dasjenige ist, was das vernünftige Bewußtsein von denselben verlangt, und daß daher Sünden, die man begeht, um die Bedürfnisse der Familie befriedigen, zu entschuldigen wären.

153. Und hiervon überzeugt, glauben solche Leute, daß es nicht bloß möglich sei, sich von den Forderungen der Gerechtigkeit andern gegenüber loszusprechen, sondern mit der Gewißheit, daß man recht thue, um der Wohlfahrt der Kinder willen die ärgsten Grausamkeiten anderen gegenüber zu begehen.

154. „Wenn ich nicht Weib, Mann oder Kinder hätte," sagen die in diesen Fallstrick geratenen, „so würde ich ganz anders leben und diese Sünden nicht begehen. Aber indem ich meine Kinder notwendig erziehen muß, kann ich nicht anders leben. Wenn wir nicht so leben würden, möchte das menschliche Geschlecht aussterben."

155. Und so klügelnd, und das Übel nicht sehend, das er begeht, entzieht der Mensch anderen ruhig die Früchte ihrer Arbeit, verdammt dieselben zur Arbeit bei Schädigung ihres Lebens, raubt denselben den Boden, und – ein besonders ergreifen-

des Beispiel – beraubt ein Kind seiner Milch, dadurch, daß man durch dessen Mutter das eigene Kind ernähren läßt. Hierin besteht der Fallstrick der Familie oder der Erhaltung des Geschlechtes.

XXIX.
Der Fallstrick der Wirksamkeit

156. Der Mensch ist von Natur bestimmt, seine geistigen und leiblichen Kräfte zu bethätigen und wählt sich daher eine gewisse Wirksamkeit.

157. Jede Wirksamkeit verlangt die Vollziehung gewisser Handlungen zu gewissen Zeiten und wenn diese nicht rechtzeitig vollbracht sind, so ist ein brauchbares Werk zerstört, ohne irgend einen Nutzen für irgendwen.

158. Die in diesen Fallstrick fallen, sagen: „Ich muß mein Feld fertig eggen, welches bereits gesäet ist, sonst ist beides, Saat und Arbeit, ohne Vorteil für irgendwen, verloren; ich muß eine bestimmte Arbeit in bestimmter Zeit vollenden, denn sollte ich nicht rechtzeitig zu Ende kommen, so wäre die sonst nützliche Arbeit verloren; ich habe eine Fabrik, die für die Menschen notwendige Gegenstände herstellt und zehntausend Arbeiter beschäftigt; wenn ich die Arbeit unterbreche, werden die Güter nicht hergestellt und die Leute werden ihre Beschäftigung verlieren."

159. Und nachdem er so klügelte, wird der Mensch nicht bloß sein Feld nicht ungeeggt verlassen, um das Pferd des Nachbars aus dem Sumpfe zu retten, sondern er wird bereit sein, Vorteil zu ziehen aus dem Unglück des Nachbars, um nur fertig zu werden. Er wird nicht bloß geneigt sein, eine eilige Arbeit zu verlassen, um etwa einen Tag bei einem Kranken zu sitzen, sondern er wird imstande sein, einen andern Menschen von der Pflege eines Invaliden abzuhalten, bloß daß seine eigene bedungene Arbeit fertig werde. Er wird nicht bloß die Arbeit in seiner Fabrik nicht einstellen, welche die Gesundheit der Leute zerstört, sondern er

ist selbst bereit, die Gesundheit von Generationen zu opfern, auf daß Güter für den Handel hergestellt werden. Hierin besteht der Fallstrick der Wirksamkeit oder Nützlichkeit.

XXX.
Der Fallstrick der Genossenschaft

160. Nachdem die Menschen zufällig oder künstlich in bestimmte gemeinsame Verhältnisse geraten sind, sind sie geneigt, sich mit anderen, die sich unter denselben Verhältnissen befinden zu verbinden und sich von anderen Menschen zu trennen und zu denken, daß ihre Pflicht sie verbinde, die Vorschriften des Gewissens zu mißachten zu Gunsten dieser in ähnlicher Lage befindlichen Menschen. Nicht bloß geben sie den Interessen dieser, „ihrer Leute" den Vorzug vor den Interessen anderer, sondern sie schädigen sogar andere Menschen, nur um die Treue „ihren Leuten" gegenüber nicht zu verletzen.

161. „Die Handlungen dieser Leute sind augenscheinlich schlecht, aber sie sind unsere Kameraden und daher müssen deren Ungerechtigkeiten verdeckt, gerechtfertigt werden. Was ich zu thun beabsichtige, ist schlecht, sinnlos, aber alle meine Genossen haben sich hierfür entschieden und ich kann nicht fernebleiben. Es mag andern Leiden und Beschwerden verursachen, aber für uns, unsere Genossenschaft ist es von Vorteil, daher muß es geschehen."

162. Es giebt verschiedene Genossenschaften in solchem Sinne. So sind die Genossenschaften der Mörder und Diebe beschaffen, die die Treue der Genossen im Verbrechen für verbindlicher halten, als die Verbindlichkeit gegen ihr Gewissen, welches solche Handlung verdammt; die Kameradschaft von Zöglingen in Erziehungsanstalten, die Gemeinschaften von Arbeitern und viele andere mehr.

163. Alle diese Leute betrachten die Treue zur Einrichtung ihrer Gemeinschaften für bindender als die Treue den Vorschriften

des Gewissens gegenüber in Bezug auf ihr Verhalten zu anderen Menschen. Hierin besteht der Fallstrick der Genossenschaft.

164. Die Eigentümlichkeit dieses Fallstrickes besteht darin, daß die wildesten und sinnlosesten Handlungen begangen werden unter seinem Vorwande, wie z. B. daß man sich in eigentümliche Kleider steckt und dem dann eine besondere Bedeutung beimißt. In seinem Namen vergiften sich die Menschen mit Wein und Bier und indem sie Feindschaft zwischen verschiedenen Gemeinschaften erregen, verursachen sie häufig furchtbar grausame Handlungen, Schlägereien, Duelle, Morde und dergleichen.

XXXI.
Der Fallstrick des Staates

165. Die Menschen leben in gewissen sozialen Organisationen und diese Organisationen (wie alles andere in der Welt) wechseln fortwährend mit der Entfaltung des Selbstbewußtseins des Menschen.

166. Aber die Menschen, insbesondere diejenigen, für welche die bestehende Ordnung vorteilhafter ist als für andere (und es giebt immer solche) betrachten die bestehende Ordnung als nützlich für die Wohlfahrt aller. Sie halten daher, um dieser Wohlfahrt willen, nicht bloß für erlaubt, gewissen Menschen gegenüber lieblos zu handeln, sondern halten es für gerecht und gut, die ärgsten Verbrechen zu begehen, um die bestehende Ordnung zu erhalten.

167. Die Menschen haben das Eigentumsrecht eingesetzt, und einige besitzen Grund und Boden und Produktionsmittel, während andere keines von beiden besitzen. Dieser ungerechte Besitz von Grund und Boden und von Produktionsmitteln wird von denjenigen, die nicht arbeiten, als die Ordnung betrachtet, welche aufrechterhalten werden soll, und man meint, daß es gerecht und gut sei, diejenigen einzukerkern und hinzurichten, die diese Ordnung brechen ……... ……... ……. ……... ……. ……. ……

…….……... [es folgen im Druck neun Punktlinien zur Kennzeichnung einer Auslassung (infolge von Zensur oder Selbstzensur des Übersetzers)].

XXXII.
Die Folgen der Fallstricke

171. Sünden sind das Resultat von Gewohnheiten (Trägheit, tierisches Leben). Der Drang des tierischen Lebens kann nicht in dem Augenblick aufhören, in welchem die Vernunft im Menschen erwacht und er die Sinnlosigkeit des tierischen Lebens erkennt. Obschon er nun weiß, daß das tierische Leben sinnlos ist und ihm keine Wohlfahrt verleihen kann, so sucht er doch, dank der befestigten Gewohnheit, Sinn und Wohlfahrt in den Vergnügungen des tierischen Lebens, in der Befriedigung verwickelter künstlicher Bedürfnisse, in fortgesetzter Unthätigkeit, in der Aufhäufung von Eigentum, in der Gewalt über andere, in der Unsittlichkeit und Berauschung, und gebraucht seine Vernunft zur Erreichung dieser Zwecke.

172. Aber die Sünden führen ihre eigene Bestrafung mit sich, der Mensch findet gar bald, daß die Wohlfahrt, die er sucht, auf diesem Wege unerreichbar bleibt und die Sünde verliert ihre Anziehungskraft. So dass, ohne die Rechtfertigungen der Sünden, ohne die Fallstricke die Menschen nicht in ihren Sünden beharren würden und ohne dieselben die Sünden nicht so steigern würden, wie [sie] es jetzt thun.

173. Gäbe es keine Fallstricke der Vorbereitung, der Familie, der Wirksamkeit, der Genossenschaft und des Staates, so würde niemand, so grausam er auch wäre, imstande sein, umgeben von Menschen, die vor Not sterben, Vorteil zu ziehen aus dem Überfluß, dessen sich die Reichen erfreuen, und die Reichen könnten nie in dem Zustand vollständigen körperlichen Müßigganges beharren, in welchem dieselben nun ihr trauriges Leben verbringen, häufig alte und schwache Leute, und selbst Kinder zu der Arbeit zwingen, deren sie bedürfen. Wenn es diese Fallstricke

zur Rechtfertigung des Eigentums nicht gäbe, vermöchten Menschen nicht sinnlos und ziellos alle Kräfte ihres Lebens zur Aufhäufung von Eigentum verbrauchen; noch vermöchten dieselben, unter den Folgen des Streites leidend, denselben zwischen andern hervorrufen. Ferner wegen des Fallstrickes der Genossenschaft würden sie nicht der Unsittlichkeit verfallen, die heute herrscht, noch würden die Menschen so auffallend und verrückt ihre geistigen und leiblichen Fähigkeiten durch Berauschung zerstören, die deren Kraft vermindert, anstatt sie zu steigern.

174. Die Sünden verursachen die Not und die Überarbeit der einen und den Überfluß und den Müßiggang der andern. Sünden verursachen die Ungleichheit des Besitzes, Konkurrenz, Streitigkeiten, Rechtshändel, Hinrichtungen, Kriege, die Beschwerden der Unsittlichkeit und der Verrohung der Menschen. Aber den Fallstricken ist zu verdanken die Fortdauer und die *Heiligung* von all dem, die Legalisation der Not und Unterdrückung der einen und des Überflusses und des Müßiggangs der anderen, die Legalisation von Gewaltthat, Mord, Krieg, Unsittlichkeit und Berauschung – und die verabscheuungswürdige Stufe der Entfaltung, welche diese Übel gegenwärtig erreicht haben.

———

Gedanken über Gott

[Mysli o boge, 1898]

VORWORT
[DES HERAUSGEBERS]

Dem Texte der vorliegenden, für die Beurteilung der Weltanschauung Tolstois höchst wichtigen Schrift liegen teils russische Handschriften zu Grunde, die der Autor an den wegen der Duchoborzen-Angelegenheit verbannten *Wladimir Tschertkoff* (derzeit in Purleigh-Essex) sandte, teils Briefe, welche derselbe an den seiner Zeit wegen Verweigerung des Militärdienstes eingekerkert gewesenen Redakteur des „*Vrede*" in Harlem – *J. K. van der Veer* sandte. Die Zusammenstellung des Ganzen stammt von Tschertkoff. Zur·Herstellung des vorliegenden deutschen Textes hat das Material zum größeren Teil *Albert Skarvan* geliefert, ein Arzt, der seiner Zeit wegen eines ähnlichen Deliktes, wie van der Veer, in Kaschau in Ungarn eingekerkert war. Der Herausgeber dieser Schrift hat derselben einige Titelüberschriften beigefügt.

Die Aufsätze „*Aus dem Tagebuche*" fügen dieser Schrift zum Teil wichtige Erläuterungen an, zum Teil enthalten sie Betrachtungen über die Frauenfrage und die soziale Frage überhaupt.

Die Wichtigkeit und Subtilität des Gegenstandes dieser Schrift bestimmte mich, die Handschrift an Leo Tolstoi selbst, behufs Durchsicht, zu übersenden. Der Autor antwortete in einem freundlichen Briefe wörtlich: „Die Aufschriften sind sehr gut und die ganze Übersetzung ausgezeichnet klar und schön." Ich veröffentliche diese Worte, weil es bei vorliegender Schrift von besonderer Wichtigkeit ist, daß die Feinheiten des Ausdruckes möglichst authentisch wiedergegeben seien.

Budapest, Festung, am 28. April 1898.
Eugen Heinrich Schmitt.

I. |

Gott ist für mich dasjenige, wonach ich strebe, dasjenige im Hin-streben nach welchem mein Leben besteht und welches daher auch für mich *da ist*, jedoch unumgänglich in der Weise, daß ich Ihn nicht begreifen, nicht benennen kann. Falls ich Ihn begreifen möchte, erreichte ich Ihn und ich hätte nicht wonach zu streben; es gäbe auch kein Leben mehr. Was hier als Widerspruch er-scheint, ist, daß ich Ihn nicht begreifen und nicht benennen kann und ihn doch zugleich kenne: die Richtung zu Ihm kenne. Ja, es ist dies von meinem Wissen das einzig Glaubwürdige.

Ich kenne Ihn nicht, und zugleich ist es mir allemal fürchter-lich, wenn ich ohne Ihn bin, und nur dann bin ich furchtlos, wenn ich mit ihm bin. Noch sonderbarer ist es, daß ich es gar nicht nö-tig habe, Ihn in meinem jetzigen Leben mehr und besser zu ken-nen, als ich Ihn jetzt kenne. Ich kann und will Ihm näher kom-men, und hierin besteht mein Leben, jedoch meine Annäherung vergrößert mein Wissen nicht im mindesten und kann es auch nicht vergrößern. Jeder Versuch, mir eine Vorstellung über dies mein Wissen zu bilden (z. B·daß Er Schöpfer sei, daß Er gnaden-voll sei und ähnliches mehr) entfernt mich von Ihm und verhin-dert meine Annäherung zu Ihm.

Noch sonderbarer ist, daß ich einzig und allein Ihn wahrhaf-tig (d. h. mehr als mich selbst) zu lieben vermag. Einzig und al-lein in dieser Liebe giebt es keinen Rückgang (im Gegenteil fort-während Fortschritt) keine Sinnlichkeit, kein Schwänzeln, kein Zugefallenthun, keine Angst, keine Selb[st]zufriedenheit. Alles Gute liebt man nur vermittelst dieser Liebe, so daß dabei noch herauskommt, daß wir lieben, folglich auch leben durch Ihn und vermittelst Seiner. So denke, oder besser gesagt, so fühle ich Gott. Ich habe noch hinzuzufügen, das schon die Benennung „Er" einigermaßen stört: Das „Er" macht ihn kleiner.

Zu dieser Definition Gottes muß ich noch die Definition [*Mat-thew*] *Arnolds* hinzufügen, in welcher ich immer die wesent-lichste Seite, von welcher wir Gott auffassen, betont sah. (M. Arnold leitet seine Definition von den Propheten des alten Tes-tamentes ab, und sie war thatsächlich bis auf Christus genügend vollständig.) „Gott ist das Ewige, Unendliche, außer uns Bestehende, uns Führende, von uns Gerechtigkeit verlangende. Man kann so sagen: das Gesetz des Menschenlebens ist der Wille Gottes in Bezug auf denjenigen Teil des Menschenlebens der in unserer Macht steht." – Ich sage, diese Definition war genügend bis auf Christus. Jedoch Christus offenbarte uns, daß die Erfüllung dieses Gesetzes außer seiner äußeren Verbindlichkeit für die Menschenvernunft, noch einen anderen einfacheren, das ganze menschliche Wesen ergreifenden inneren Antrieb hat – die Liebe. Nicht die Liebe zum Weibe, zum Kinde, zum Vaterlande und anderem Ähnlichen, sondern die Liebe zu Gott (Gott ist die Liebe), die Liebe der Liebe, dasselbe Gefühl von Güte, Rührung, Lebensfreude, welches dem wahren, glückseligen, unsterblichen Menschenwesen eigen ist.

II. |

Gott erkennen wir weniger mittels der Vernunft, auch nicht so sehr mittels des Herzens, als vermittelst des Gefühls der völligen Abhängigkeit von ihm. Es ist das ein ähnliches Gefühl wie das, welches der Säugling am Mutterschoße empfindet. Er weiß nicht, wer ihn hält, wer ihn wärmt, nährt, jedoch er weiß, daß ein Jemand da ist, und er weiß es nicht bloß – er liebt ihn auch.

III. |

Ich betrachtete früher die Lebenserscheinungen, ohne daran zu denken, woher die Erscheinungen kämen und weshalb ich sie sehe. Dann habe ich begriffen, daß alles, was ich sehe, vom Lichte, welches die Erkenntnis ist, abstammt. Und ich freute mich derart, daß ich alles aus einem ableitete, daß ich mich völlig zufriedengestellt fühlte in der Anerkennung der einigen Erkenntnis als Ursprung vom All.

Später jedoch sah ich, daß die Erkenntnis ein Licht sei, welches zu mir durch ein mattes Glas dringt. Das Licht sehe ich, doch dasjenige, was das Licht hervorbringt, kenne ich nicht. Ich weiß jedoch, daß es da ist.

Diese Quelle des Lichtes, welche mich beleuchtet, welche ich nicht kenne, von deren Existenz ich jedoch Kenntnis habe, ist *Gott*.

IV. |

Jawohl, Liebe ist Gott.

Gewinne lieb denjenigen, der dir Leid that, den du verurteiltest, nicht liebtest, und all das, was vor dir seine Seele verbarg, wird verschwinden und du wirst, gleichsam durch ein klares Wasser, am Boden das göttliche Wesen seiner Liebe erblicken, und du wirst es nicht nötig haben, ihm Verzeihung bieten zu können. Nur dir selbst wirst du vergeben müssen, daß du Gott nicht liebtest in demjenigen, in dem Er war und wo du Ihn wegen deiner Lieblosigkeit nicht sahest.

V. |

Liebe ist Offenbarung Gottes im eigenen Innern, demzufolge ein Streben aus sich herauszuwachsen, sich zu befreien, ein göttliches Leben zu führen. Dieses Streben ruft Gott, das heißt Liebe bei anderen hervor.

Mein Hauptgedanke ist, daß Liebe bei anderen Liebe hervorruft. – Gott, der in dir wach ist, weckt denselben Gott bei anderen.

VI. |

Lieben heißt dasselbe verlangen, was der geliebte Gegenstand verlangt. Die Gegenstände unserer Liebe verlangen jedoch Entgegengesetztes. Deshalb soll man dasjenige lieben, was immer ein und dasselbe verlangt. Ein und dasselbe verlangt Gott.

VII. |
Liebe zu Gott heißt das verlangen, was Gott verlangt. Er aber
verlangt Heil für alles. Brüder, nun lieben wir einander! Wer
liebt, der ist aus Gott geboren und kennet Gott, weil die Liebe
Gott ist. (Es heißt, Gott ist die Liebe, soll aber heißen: Liebe ist
Gott.) Übrigens auch: Gott ist die Liebe, das heißt, wir kennen
Gott nur in Gestalt der Liebe, und die Liebe ist Gott, das heißt,
wenn wir lieben, sind wir nicht Götter, sondern Gott.
[Bezug: *Erster Johannesbrief*, 4. Kapitel.]

VIII. |
Sonderbar, wieso ich früher die unzweifelhafte Wahrheit nicht
sah, daß sich hinter dieser Welt und hinter unserem Leben in dieser Welt irgend jemand, irgend etwas birgt, der es weiß, wozu
diese Welt besteht, wozu wir darin, wie im Siedewasser die Bla-
sen, aufsteigen, platzen und verschwinden.

Zweifelsohne geschieht etwas in dieser Welt, und es geschieht durch alle lebenden Wesen, und es geschieht auch durch
mich, durch mein Leben. Wozu wären sonst vorhanden diese
Sonne, der Frühling, der Winter, und vollends wozu dieses drei-
jährige, von Lebensfülle strotzende Mädchen, dieses altersblöde
Mütterlein, dieser Wahnsinnige. Diese abgesonderten Wesen,
die augenscheinlich für mich keinen Sinn haben und doch sich
an das Leben klammern, so ihr Leben beschützen, in denen sich
das Lebensrad doch so stark dreht, diese Wesen liefern mir vor
allem anderen den Beweis, daß sie nötig sind für irgend eine vernünftige, gute, mir unfaßbare Thätigkeit.

IX. |
Im Gebete zu Gott ward es mir klar, daß Gott einem reellen Wesen ähnlich ist, nämlich Liebe ist, welche das All darstellt, wovon
ich in Form von Liebe einen Saum berühre und betaste. Es ist
dies kein bloßes Gefühl, nichts Abstraktes, sondern ein Wesen,
das reell ist. Und ich tastete Gott.

64

X. |

Alles, was ich kenne, kenne ich deshalb, weil ein Gott da ist und ich Ihn kenne. Einzig hierauf kann man eine feste Grundlage bauen in Bezug auf den Menschen, in Bezug auf sich, sowie auch in Bezug auf das Leben außer der Zeit und außer dem Raum. Nicht nur finde ich dies nicht mystisch, sondern ich finde, daß die entgegengesetzte Anschauung mystisch ist, und daß das die einzige allen verständliche und allen zugängliche Realität ist.

XI. |

Warum verzagen Sie? Sie erwarten etwas Großes. Sie erwarten, so scheint es mir, Gott in Donner und Gewitter und nicht in der Ruhe. Das Beste ist, wie Sie sich ausdrücken, das, daß man nicht hat, wohin sich zu bergen. Hierin, denken Sie, ist mehr denn in anderem sichtbar und tastbar die Hand Gottes.

Sie sagen, es hätte den Anschein, als ob ich Gott nicht anerkenne. Das ist ein Missverständnis. Ich anerkenne sonst nichts, außer Gott.

Es scheint mir, ich schrieb Ihnen und teilte Ihnen auch wörtlich mit meine Definition Gottes. Gott ist das All, das unendliche All, als dessen Teil ich mich bekenne. Darum begrenzt sich in mir alles durch Gott, und ich empfinde Ihn in allem. Und dieses ist keineswegs eine Redensart, sondern dasjenige, vermöge dessen ich lebe.

XII. |

Was ist Gott? Wozu ist Gott?

Gott ist das Unbegrenzte, das ich in mir als begrenzt erkenne. Ich stelle den begrenzten, Gott den unbegrenzten Leib vor. Ich bin das Wesen, welches 63 Jahre lebt; Gott ist das ewig lebende Wesen. Ich bin ein Wesen, welches in den Grenzen seines Begriffsvermögens denkt; Gott ist ein Wesen, welches im Denken keine Grenzen hat. Ich bin ein Wesen, welches manchmal ein wenig liebt; Gott ist ein Wesen, welches immer unendlich liebt. Ich bin der Teil; Er ist das All. Ich kann mich nicht anders begreifen, denn als einen Teil von Ihm.

XIII. |

Wenn Dich eine ungelöste Frage quält, fühlst Du Dich als krankes Glied irgend eines Ganzen, eines gesunden Körpers, fühlst Dich als kranker Zahn eines gesunden Körpers und bittest den ganzen Körper, er möge dem Gliede helfen.

Der ganze Körper ist Gott; das Körperglied bin ich.

XIV. |

Ein Aberglaube, der zumeist unsere metaphysischen Begriffe verwirrt, ist der Aberglaube, daß die Welt erschaffen worden ist, daß sie aus Nichts hervorging, daß es einen Gott – Schöpfer gebe.

Eigentlich haben wir keinen Grund und auch keine Not, einen Gott – Schöpfer vorauszusetzen. Die Chinesen und Hindus kennen diesen Begriff nicht. Es ist aber auch ein Gott – Schöpfer und Fürsorger ganz und gar unvereinbar mit dem christlichen Gott – Vater, Gott – Geist, von dem ein Teil mir innewohnt, mein Leben ausmacht. Er ist unvereinbar mit dem Gott, der Liebe ist.

Gott der Schöpfer ist gleichgültig, läßt das Leiden und das Böse zu. Gott der Geist befreit von dem Leiden und vom Bösen und *ist* immer die vollkommene Güte. Einen Gott den Schöpfer giebt es nicht. Es giebt ein Ich, welches mittels der ihm verliehenen Sinneswerkzeuge die Welt erkennt und seinen inneren Gott – Vater erkennt. Er ist der Ursprung meines geistigen Ich. Die äußere Welt jedoch stellt nur meine Begrenzung dar.

XV. |

Sie schreiben in Ihrem Brief, daß Sie keinen Gott erkennen und anbeten können, weil er nicht gut, aber böse sein müßte. Mir scheint das ein sehr verbreitetes Mißverständnis zu sein. Gut oder böse kann·allein ein Gott sein, der der Schöpfer der Welt und des Menschen und der Belohner und Bestrafer der Menschen ist. So ein Gott ist aber Nichts als ein abscheulicher Aberglaube, einen solchen Gott kann sich kein redlicher Mensch denken. Aber ohne eine Idee von der unendlichen Vernunft und Liebe, von welchen wir uns als endlichen Teil fühlen, begrenzt durch Zeit und Raum, kann ein vernünftiger und guter Mensch nicht leben.

XVI. |

Oft sprechen die Menschen vom Bösen, welches Gott den Menschen zufügt. Und bei solchem Reden und Denken bilden sich die Menschen ein, daß sie an Gott glauben und ihn anbeten.

Gott also thut Böses. Und falls Gott Böses thut, so ist er nicht gut, ist er nicht die Liebe und falls er nicht gut ist, existiert er nicht.

Es stammt dies daher, weil die Menschen derart überzeugt sind, daß dasjenige, was sie Böses thun, nicht nur gut sei, sondern wie sie behaupten, sogar vorzüglich, z. B. die ausschließliche Liebe zu den eigenen Kindern, daß, wenn sie das Böse erfahren, welches als Folge ihrer Fehler, d. h. Sünden auftritt, sie dann nicht sich, sondern Gott beschuldigen. Deswegen erkennen sie in der Tiefe ihrer Seele Gott als böse an, d. h. sie leugnen Ihn und erlangen deshalb keinen Trost von Ihm.

XVII. |

Es geziemte sich, das zu thun, was die Duchoborzen thun, – sich vor jedermann zu beugen, eingedenk dessen, daß Gott ihm innewohnt. Ist dies faktisch unausführbar, so sollte man es im Geiste thun.

XVIII. |

Ich fühlte die herannahende Formänderung des Lebens, genannt – der Tod.

Nein auch dies wäre eine zu kühne Behauptung. Nicht eine Formänderung, sondern denjenigen Übergang, bei dem man klarer und näher seine Einheit mit Gott fühlt.

Ich stelle mir das derart vor:

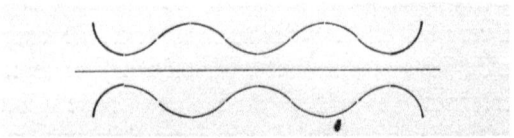

Die Gerade ist Gott. Die engeren Stellen sind die Annäherung zum Tode und die Geburt. An diesen Stellen ist Gott näher. Er ist durch Nichts verborgen. Und in der Mitte – da wird Er durch die Kompliziertheit des Lebens erstickt.

XIX. |

Das Bewußtsein, das Empfinden des in uns lebenden und durch uns wirkenden Gottes können wir in uns nicht immer tasten.

Es giebt Thätigkeiten, denen man sich ganz und ungeteilt hingeben muß, ohne an etwas anderes zu denken, als eben an diese Arbeit. Dabei an Gott zu denken ist unmöglich, zerstreuend und unnötig.

Man soll einfach ohne Anstrengung leben, sich seinem Hange hingebend, jedoch sobald sich ein innerer Zweifel, Kampf, Verstimmtheit, Angst, Abneigung einstellen, da soll man sich ungesäumt seines geistigen Wesens bewußt, seines Bandes mit Gott bewußt werden, sich aus der körperlichen in die geistige Sphäre übertragen und zwar nicht deshalb, um den Werken des Lebens zu entrinnen, sondern umgekehrt um sich mit allen Kräften zu ihrer Vollbringung zu wappnen, um die Hindernisse zu bekämpfen und zu besiegen. Ähnlich wie der Vogel, der die Flügel zusammenlegt, wenn er auf den Füßen sich fortbewegt, aber sofort, wenn ein Hindernis da ist, die Flügel ausbreitet und emporfliegt. Alles wird auf diese Art leicht, alles Schwere verschwindet.

XX.

Folgendes ist mit mir geschehen. Ich fing an immer abstrakter über die Lebensfragen nachzudenken; darüber, worin das Leben bestehe, wo es hinziele, was die Liebe sei, und ich entfernte mich immer mehr, nicht nur vom Begriffe des alttestamentlichen Gott – Schöpfers, sondern auch vom Begriffe des Vaters, der beseligenden Erkenntnis des Ursprunges alles Lebens so wie auch meiner selbst. Und der Teufel umgarnte mich. Mir fiel es ein, daß es möglich sei, daß es besonders wichtig sei, im Interesse der Einigung mit den Chinesen, Konfucianern und Buddhisten, sowie mit unseren Atheisten, Agnostikern, diesen Begriff des Vaters ganz zu umgehen. Ich dachte mir, daß man Befriedigung finden könne in dem Begriffe und der Erkenntnis desjenigen Gottes, der uns innewohnt, ohne denjenigen Gott anzuerkennen, der uns als einen Teil seiner selbst durchdringt. Und sonderbarerweise, mir wurde es plötzlich bange, einsam und schrecklich. Ich wußte nicht, weshalb, fühlte es jedoch, daß ich plötzlich schrecklichermaßen geistig herabfiel, daß ich jeder geistigen Freude und Energie verlustig ward.

Und erst dann besann ich mich, daß dies daher komme, weil ich mich von Gott entfernte. Und ich fing an zu denken, – sonderbar ist's zu sagen, ich fing an zu raten, ob es einen oder keinen Gott gäbe, und es ward mir, als ob ich Ihn neuerdings gefunden hätte. Und ich fühlte mich·darob so freudig, ich wurzelte in so fester Überzeugung in Ihm, in der Überzeugung, daß ich mit Ihm verkehren kann und verkehren muß und daß er mich *hört*; ich geriet darob in solche Freude, daß ich in den letzten Tagen das Gefühl hatte, daß es mir sehr wohl sei und ich mich fragte, woher meine Lust käme. Jawohl, Gott ist Gott, und ich brauche mich nicht zu beunruhigen, sondern habe mich nur zu freuen.

Ich befürchte, daß dieses Gefühl vergehen, sich abstumpfen werde. Jetzt aber fühle ich mich sehr freudig, ganz so, als wäre ich ein Haar breit davon gewesen, das teuerste Wesen zu verlieren. Ich dachte sogar, daß ich es verlor. Und ich verlor es nicht, sondern erkannte nur seinen unendlichen Wert. Ich hoffe, daß wenn es auch vergehen sollte, dies entzückendste Gefühl, mir dennoch viel neu Erworbenes bleiben werde.

Möglicherweise ist dies dasjenige, was manche den lebendigen Gott nennen; falls es das ist, so fühle ich mich sehr schuldig vor ihnen, daß ich ihnen nicht beistimmen wollte und sie bestritt.

Das hauptsächlichste an diesem Gefühle ist das Bewußtsein der vollen Sicherheit, das Erkennen dessen, daß Er existiert, gut ist, daß Er mich kennt, daß ich ein Teil von Ihm bin, eines Seiner Kinder. Alles was sich mir als böse darstellt, scheint mir deshalb so, weil ich mir und nicht Ihm glaube. Aus diesem Leben, wo so leicht nach Seinem Willen gehandelt werden kann, da dieser Wille zugleich mein Wille ist, kann ich nirgendshin fallen, als einzig nur zu Ihm und in Ihm ist völlige Freude, völliges Heil.

Alles das, was ich da schreibe, kann nicht Ausdruck verleihen dem, was ich empfand. Schmerzt mich etwas physisch oder moralisch, stirbt mein Sohn, geht das zu Grunde, was ich lieb habe, kann ich selbst nichts mehr thun, warten Leiden meiner, da entsinne ich mich plötzlich, was Gott sei, und alles wird wieder gut und freudig und licht …

XXI. |

Es giebt keinen einzigen gläubigen Menschen, der nicht zeitweise von Zweifeln über die Existenz Gottes befallen würde. Und diese Zweifel schaden nicht; im Gegenteil, sie führen zu höherem Verständnis Gottes.

Man gewöhnt sich an den Gott, den man kannte, und glaubt nicht mehr an Ihn. Nur dann glaubt man an Gott, wenn Er Sich uns in neuem Lichte offenbart. Und Er offenbart sich dir von neuer Seite dann, wenn du Ihn mit ganzer Seele suchst.

XXII. |

Ich dachte viel über Gott und das Wesen meines Lebens nach, und dabei schien es mir, als ob ich nur zweifelte über das eine und über das andere. Da prüfte ich meine Argumente, und darnach, unlängst, entstand einmal einfach in mir der Wunsch, sich auf den Glauben an Gott und an die Unzerstörbarkeit meiner Seele zu stützen; und ich verspürte zu meiner Überraschung solch feste ruhige Gewißheit, wie ich sie niemals zuvor kannte, so daß meine Zweifel und Proben augenscheinlich meinen Glauben nicht nur nicht gelockert hatten, sondern geradezu bekräftigt.

XXIII. |

Man soll sich niemals vorsätzlich Gott annähern. „Nun nähere ich mich Gott an; nun fange ich ein Leben in Gott an. Ich habe dem Teufel nachgelebt, nun werde ich Gott nachleben. Ich will es versuchen, es kann nicht schaden." Hierin liegt allerdings ein Schaden, und zwar ein großer Schaden. Mit dem Gehen zu Gott ist es ähnlich wie mit dem Heiraten. Man soll es nur dann thun, wenn man trotz des Wunsches, nicht zu gehen, nicht zu heiraten, es dennoch nicht unterlassen kann. Nicht, als ob ich sagte: suche vorsätzlich das Ärgernis, sondern jedem, der die Frage so stellt: „Heda, ich will es versuchen, ob ich mich nicht verrechne, wenn ich statt zum Teufel, zu Gott hingehe," schreie ich aus voller Kehle zu: „Gehe hin zum Teufel, unbedingt zum Teufel! es ist hundertmal besser, sich am Teufel zu verbrennen, als am Scheidewege zu stehen oder heuchlerisch zu Gott zu gehen."

XXIV. |

Ich las Herbert Spencers Antwort an Balfour (aus einem Artikel Spencers: *Mr. Balfour Dialektics*) über das Bekenntnis des Agnosticismus, wie sie jetzt den Atheismus zu nennen pflegen.

Ich sage, daß der Agnosticismus, obschon er etwas vom Atheismus verschiedenes bedeuten will, indem er die vermeintliche Unmöglichkeit zu wissen in den Vordergrund stellt, im Grunde genommen dasselbe ist, wie der Atheismus und zwar aus dem Grunde, weil die Wurzel des Ganzen im Nichtanerkennen Gottes steht.

So las ich Herbert Spencer, der nicht etwa sagt, daß er den

Wunsch hege, den Glauben an Gott abzuschütteln, sondern daß er genötigt ist, dies zu thun. Selbsttäuschung ist die einzige Alternative, die noch übrig bleibt. „Es ist kein Vergnügen," sagte er, „sich als verschwindend kleines Wärzlein auf dem Planeten zu erkennen, welcher Planet wieder ein verschwindend kleines Sandkorn ist verglichen mit dem All der Dinge." (Ich möchte fragen, was er unter dem „All der Dinge" verstehe.) „Diejenigen, denen der erbarmungslose Sturm der Veränderungen Leiden zufügt, die oft unheilbar sind, finden keinen Trost in dem Gedanken, daß dieselben von blinden Kräften herkommen, die teilnahmslos einmal die Zerstörung einer Sonne, dann wieder den Tod eines Wurmes verursachen. Die Betrachtung eines Universums ohne einen irgendwie begreiflichen Zweck, gewährt keinerlei Genugthuung. Der Wunsch zu erkennen, was der Zweck von dem allen ist, ist nicht weniger mächtig im Agnostiker, als in den anderen Menschen, und erweckt in ihm Sympathie für eine solche Annahme. Indem er aber selbst keinerlei Erklärung findet, empfindet er zu seinem Bedauern die Unfähigkeit, die Erklärungen anzunehmen, welche ihm die anderen bieten."

Ganz dasselbe sagte mir vorgestern N.: „Es geht irgend eine Rotation vor sich, und mitten in diesem Wirbeln, das endlos ist in Raum und Zeit, erscheine, lebe, verschwinde ich. Soviel steht fest. Alles übrige aber, das heißt die Vorstellung irgend eines vernünftigen Wesens, von dem ich abstamme und dem ich in Gemeinschaft mit allem, was existiert, zur Verwirklichung seiner Ziele diene, dieser Gedanke ist eine Selbsttäuschung."

Es giebt zwei verschiedene und sich gegenseitig widersprechende Weltanschauungen, die man sich so vorstellen kann:

Die Agnostiker sagen: „Ich, ein von meinen Eltern geborenes Wesen, betrachte mich in der gleichen Weise, wie alle anderen lebenden Wesen, die mich umgeben, und die unter gewissen Bedingungen existieren, die meiner Forschung zugänglich sind, und erforsche mich selbst und die anderen Dinge, die belebten ebensowohl wie die unbelebten, und die Bedingungen, unter welchen sie existieren. Und in Übereinstimmung mit dieser Forschung ordne ich mein Leben. Fragen nach dem Ursprung erforsche ich in derselben Weise, sowohl durch Beobachtung, wie durch Experiment, und gewinne so immer größere Erkenntnis derselben. Was aber die Frage betrifft, woher dieses Universum stammt, warum es existiert und warum ich in demselben, so lasse ich sie unbeantwortet, denn ich sehe die Möglichkeit nicht ein, dieselbe ebenso bestimmt, klar und überzeugend zu beantworten, wie ich die Fragen beantworte, welche die Dinge innerhalb des Universums betreffen. Daher nehme ich auch die Antwort auf die Frage nicht an, die darin besteht, daß ein angebliches vernünftiges Wesen existiert, Gott, von welchem wir abstammen" (wie man allgemein sagt, „von welchem die Welt abstammt" und womit man die Weltschöpfung meint, welche die christliche Lehre nicht anerkennt), „welches Wesen aus irgend einer ihm selbst bekannten Ursache das Gesetz meines Lebens bestimmt hat, weil diese Antwort nicht so klar und beweisbar ist, wie die wissenschaftlichen Antworten, welche sich auf die Ursachen und Bedingungen der verschiedenen Naturerscheinungen beziehen."

So sprechen die Agnostiker, und indem sie die Möglichkeit einer Erkenntnis, die nicht durch Beobachtung und Zergliederung von Beobachtungen gegeben ist, nicht zugeben, so ist das, wenn auch nicht richtig, so doch durchaus logisch und folgerichtig.

Der Christ andererseits, der Gott anerkennt, sagt: „Ich bin mir meiner Existenz bewußt, nur weil ich mich als vernünftiges Wesen fühle. Und indem ich mich selbst so fühle, kann ich mein Leben und das Leben alles dessen, was existiert, in gleicher Weise auch nur als vernünftig begründet anerkennen. Diese Weise des Seins muß also einen Gegenstand, ein Ziel haben. Dieses Ziel meines Lebens muß außer mir liegen, in jenem Wesen, für welches sowohl ich, wie alles, was existiert, als Mittel dient zur Erreichung des Zieles des Lebens. Dieses Wesen existiert, und ich muß in meinem Leben sein Gesetz oder seinen Willen erfüllen. Fragen über die Natur dieses Wesens, welches von mir die Erfüllung seines Gesetzes verlangt und von dem in Raum und Zeit dies vernünftige Leben in mir und in anderen Dingen entsprang,

Fragen wie: ‚Was ist Gott?' ‚Ist Er persönlich oder unpersönlich?'
‚Hat Er die Welt erschaffen, und wie erschuf Er sie?' ‚Wann erwachte eine Seele in mir?' ‚Wann und wie entsprang sie in anderen?' ‚Woher kam sie, und wohin wird sie gehen?' ‚In welchem
Teile des Körpers hat sie ihren Sitz?' alle die Fragen muß ich unbeantwortet lassen, indem ich im vornhinein erkenne, daß ich im
Bereiche ihrer Beobachtung und Zergliederung nie zu einer endgültigen Antwort komme, indem ihr alles in der Unendlichkeit
des Raumes und der Zeit verschwindet. Aus diesem Grunde
kann ich auch die Antworten nicht acceptieren, die die Wissenschaft erteilt auf die Fragen, woher das Universum (die Sonnen
und Welten) stammen, woher die Seele abstammt und in welchem Teile des Gehirnes sie ihren Sitz hat."

Der Agnostiker vorerst, indem er sich als bloßes Tier erfaßt
und infolgedessen annimmt, daß er alles bloß durch die äußeren
Sinne erfassen könne, nimmt keinen geistigen Ursprung an und
versinkt infolge dieses Verzichtes bis zu jener Sinnlosigkeit der
Existenz, die die Forderungen der Vernunft beleidigt.

Die Christen andererseits, die sich selbst bloß als Vernunfts-
wesen anerkennen und daher auch nur das annehmen, was den
Forderungen der Vernunft entspricht, acceptieren nicht die Fol-
gerungen aus den Daten der äußeren Erfahrung und betrachten
diese Daten als phantastisch und irrtümlich.

Beide haben in gleicher Weise Recht. Die Differenz zwischen
beiden, und diese ist sehr wesentlich, liegt in der Thatsache, daß
entsprechend der ersten Anschauung alles im Universum streng
wissenschaftlich logisch und rationell ist, ausgenommen die
Meinung über das menschliche Leben selbst und über das All
selbst. Diese haben infolgedessen hierin keine Meinung und mögen daher von solchem Standpunkte viele interessante und an-
ziehende Betrachtungen anstellen, werden aber trotz aller Anstrengungen nichts Nützliches an den Tag bringen, was die Füh-
rung des Lebens betrifft. Hingegen der letzteren Anschauung
entsprechend, gewinnt das Leben des Menschen und des ganzen
All einen bestimmten, vernünftigen Sinn, der auch die unmittel-
barste, einfachste, allgemeinste Anwendbarkeit besitzt für das

Leben, und der gleichzeitig die Möglichkeit wissenschaftlicher Forschung nicht ausschließt, welche in solchem Falle jedoch auf dem ihnen. eigentümlichen Gebiete anzustellen sind.

XXV.

Nichts beweist besser die Existenz Gottes, als die Versuche der Evolutionisten, die Sittlichkeit anzuerkennen und sie aus dem Kampfe ums Dasein zu deduzieren [abzuleiten].

Daß sie sich aus dem Kampfe ums Dasein nicht ergeben kann, ist ja augenscheinlich. Und zugleich fühlen sie, daß es ohne dieselbe nicht geht; sie anerkennen die Sittlichkeit, und bemühen sich, dieselbe aus ihren eigenen Voraussetzungen zu deduzieren, obzwar es ebenso sonderbar und unlogisch ist, die Sittlichkeit mittels der Evolutionstheorie zu deduzieren, als sie aus den Vorschriften, die Gott am Berge Sinai den Israeliten gab, folgern zu wollen. Ihr Fehler, der darin besteht, daß sie nicht erkennen, daß das Bewußtsein des eigenen geistigen Ich ein Resultat Gottes, ein Teil von ihm ist, ohne welche Erkenntnis es keine vernünftige Lebensanschauungen geben kann, führt sie dazu, das Ungerechtfertigte, sogar Widersprechende, Wunderbare in der Vorstellung des Sittlichen zuzugeben, das heißt zuzugeben denselben Gott, den sie aus ihrer Lebensanschauung ausgeschlossen hatten.

Vorgestern trug mir ein Franzose in Frageform vor, ob nicht zur Begründung der Sittlichkeit das Gute und Schöne genüge? Dies bedeutet wieder denselben Gott, den sie infolge der geistigen Krankheit, die ihnen anhaftet, nicht zu nennen wagen.

XXVI.

Mit dem, was Sie über das Verständnis des Lebens und über Gott sagen, bin ich, ich will nicht sagen einverstanden mit Ihnen, sondern denke ebenso wie Sie.

Ich sage deshalb nicht, daß ich einverstanden bin, weil es schwer ist sich im Gespräche über diese Dinge genau auszudrücken. Worte können entweder überflüssig oder zu wenig sagen; deshalb kann man niemals eine bestimmte Formulierung als vollständig dem eigenen Verständnisse entsprechend auffassen. Ich fühle nur, daß wir in einer Richtung denken und empfinden und dies freut mich ungemein. Es ist unmöglich über diese Dinge nicht nachzudenken. Es denkt jedoch unwillkürlich ein jeder darüber in seiner eigenen Weise. Man kann und soll in Form bringen die Schlüsse, welche im Leben anwendbar sind, wie das z. B. Moses that: „Du sollst nicht töten!" und Christus: „Widerstehe nicht dem Übel!" Ich wiederhole es aber, daß ich in derselben Richtung denke und damit völlig einverstanden bin, daß das Maß des Verständnisses des Lebens abhängig ist vom Maße der Reinheit, der Demut und der Liebe.

XXVII. |

Was bin ich denn mitten in diese Welt gesetzt? An wen soll ich mich wenden? Bei wem soll ich Antwort suchen?

Bei den Menschen etwa? sie wissen keine; sie belachen das, wollen es nicht wissen. Sie sagen: „All das ist haltloses Zeug. Denke nicht darüber nach. Hier ist die Welt mit ihren Genüssen. Genieße sie!"

Sie verführen mich jedoch nicht. Ich weiß, daß sie selbst nicht an das glauben, was sie sprechen. Ebenso wie ich quälen sie sich und es nagt an ihnen die Angst vor dem Tode, vor sich selbst, vor Dir, mein Gott, den sie nicht nennen wollen.

Auch ich nannte Dich lange Zeit nicht; auch ich that lange Zeit dasselbe, was sie. Ich kenne diesen Trug; auch weiß ich, wie sehr er am Herzen nagt und wie schrecklich die Verzweiflungsflammen sind, verborgen im Herzen desjenigen, der Dich nicht nennt. Man kann sie begießen so viel man will, sie werden doch in ihrem Innern ebenso brennen, wie sie in meinem Innern brannten.

Jedoch, mein Gott, ich nannte Dich, und meine Leiden hörten auf. Meine Verzweiflung entschwand.

Ich verdamme meine Schwächen, ich suche Deinen Weg, verzweifle jedoch nicht mehr und empfinde Deine Nähe, Deine

Hilfe, so oft ich Deinen Pfad wandle. Auch empfinde ich Dein Verzeihen, wenn ich von ihm ablenke.

Dein Weg ist licht und einfach. Dein Joch ist beseligend, und Deine Bürde ist leicht. Ich jedoch irrte lange umher außer Deines Weges, lange Zeit in meiner abscheulichen Jugend warf ich mit Stolz jedwede Last von mir, spannte mich aus jedem Joche und entwöhnte mich, Deine Pfade zu wandeln, so daß mir dein Joch und Deine Bürde schwer schienen, wenn ich auch weiß, daß sie selig und leicht sind. Mein Gott, verzeihe mir die Verirrungen meiner Jugend und helfe mir Dein Joch ebenso freudig zu tragen, wie ich es freudig aufnehme.[2]

———

[2] [Diese der ‚Christlichen Lehre' hinzugefügte Zusammenstellung „*Gedanken über Gott* | Mysli o boge, 1898" liegt in weiteren Übersetzungen vor: *Gedanken über Gott*. In: Ein Aufruf an die Menschheit. Einzig bevollmächtigte Übersetzung von Wladimir Czumikow. Leipzig: Eugen Diederichs 1901, S. 70-107. [Folgeauflage: Jena 1911]. – *Gedanken über Gott*. Übersetzt von N[achman]. Syrkin. In: L. N. Tolstoj: Über Gott und Christentum. Berlin: Hugo Steinitz Verlag 1901, S. 13-51. – *Gedanken von Gott*. Übersetzt von L. A[lbert]. Hauff. In: L. N. Tolstoi: Gott und Unsterblichkeit. Berlin: Verlag von Otto Janke 1901, S. 1-42. – *Gedanken über Gott* (Auswahl). Übersetzt von Dorothea Trottenberg, In: Martin George / Jens Herth / Christian Münch / Ulrich Schmid (Hg.): Tolstoj als theologischer Denker und Kirchenkritiker. Zweite Auflage. Göttingen: Vandenhoeck & Ruprecht 2015, S. 223-233.]

Aus Tolstois Tagebuch

Über das menschliche Wissen

Höchst bezeichnend ist der Gegensatz, wie sich die Menschen zu zwei Kategorien des Wissens verhalten: zum Wissen, welches den Namen führt: moralische Lehre oder auch Religion, und dem Wissen, welches man als Wissenschaft zu bezeichnen liebt.

Menschen, die weit vorwärts gekommen sind in der ersten Kategorie des Wissens, nämlich in der moralischen Lehre, stellen zumeist als Vorbild die vor ihnen gewesenen Weisen aus: Menzius, Konfuzius, Sokrates, Plato, Buddha, die Brahminen, Christus, Jesajas. Sich selbst hielten diese Lehrer für unwissend (Sokrates sagte dies ausdrücklich). Ihre Weisheit betrachten sie als eine Weisheit, welche von den Vorfahren auf sie gekommen war. Die eigene jedoch halten sie für unbedeutend.

Ganz entgegengesetzter Anschauung sind die Leute der sogenannten Wissenschaft. Diesen scheint es immer, daß vor ihnen niemand etwas wußte, daß nur mit ihnen die Wissenschaft in den Besitz, wenn auch nicht der ganzen Wahrheit, so doch eines so großen Teiles derselben gelangt sei, daß die Vorgänger davon garnicht zu träumen wagten. Wenn ein Mann der Wissenschaft der Art und Weise gedenkt, wie die früheren Männer der Wissenschaft über das Weltall dachten, wie sie sich die Beschaffenheit des menschlichen Organismus vorstellten, was sie über den Ursprung der Welt und dessen, was sie erfüllt, und ähnliches dachten, so ist er derart überzeugt davon, daß alle Vorgänger im Irrtum waren, daß er nicht umhin kann, sämtliche wissenschaftliche Thätigkeit mit Ausnahme der eigenen und der seines Zeitalters zu verachten.

Ganz umgekehrt verhält es sich in der Sphäre moralischer Lehren: ein Christ, ein Buddhist, ein Konfuzianer können nicht umhin, sich selbst und die Lehre ihres Zeitalters zu verachten.

Und thatsächlich können in der wissenschaftlichen Erfahrung derartige Umwälzungen eintreten, wie z. B. die Entdeckung der Elemente und der neueren chemischen Theorie; daß die Erde nicht der Mittelpunkt des Weltalls sei, sondern nur ein klein winziger Begleiter einer der unzähligen Sonnen. Oder im Bereich der Kleinigkeiten: der Nutzen des Aderlassens oder die Perhorreszierung desselben.

Im Bereiche des moralischen Wissens kommt ähnliches nicht vor, kam niemals vor und kann auch niemals vorkommen. Buddha, Christus (gleichviel, ob sie existierten oder nicht) bleiben für uns immer dieselben moralischen Idealgestalten, und wir können uns keine höheren denken.

Selb[st]verständlich meine ich hier nicht diejenigen sittlich rohen Menschen, welche die moralische Größe Christi nicht begreifen und sich für Gelehrte halten, sich etwa einbilden, daß, wenn Christus ein Revolutionär gewesen wäre und Buddha so, wie sie ihn wünschten, es viel besser um die Welt stünde.

Die Menschen wissen deshalb so wenig, weil sie entweder über Sachen nachgrübeln, welche dem menschlichen Verständnisse nicht zugänglich sind, z. B. über Gott, Ewigkeit, über den Geist u. a. ähnl. Oder aber, weil sie über Dinge nachdenken, über welche nachzudenken es sich nicht der Mühe lohnt, z. B.: wie das Wasser gefriert, über die Theorie der Zahlen, welche Art von Bakterien bei jeder bestimmten Art von Krankheiten vorkommen u. a. ähnl. Sie greifen immer entweder zu weit oder zu wenig.

Es giebt nur einen engen Pfad des Wissens ebenso wie auch des Guten, nämlich zu wissen, wie man zu leben hat.

Zur Frauenfrage

Es ist ganz richtig, daß betreffs der Frauen und ihrer Arbeit viele ungemein schädliche, von Alters her eingefleischte Vorurteile, bestehen und noch richtiger ist, daß man die zu bekämpfen hat. Ich meine jedoch nicht, daß Frauenvereine, welche Bibliotheken und Frauenasyle stiften, die Mittel in diesem Kampfe darstellen.

Nicht das empört mich, daß die Frauen einen geringeren Gehalt als die Männer beziehen, denn die Preise werden nach der Arbeitsleistung bestimmt. Aber es empört mich der Umstand, daß die Frau, die Kinder zu tragen, zu nähren, aufzuziehen hat, außerdem noch sämtliche Arbeiten in der Küche verrichten muß, bei der Feuerhitze stehen, Geschirr waschen, Wäsche reinigen, Kleider nähen, Tische, Fußboden, Fenster putzen muß. Warum wälzt man alle diese schwere Arbeit ausschließlich auf die Frau? Der Landmann, der Fabrikarbeiter, der Beamte, jedweder Mann hat oft nichts zu thun. Er wird jedoch liegen, seine Pfeife rauchen und der schwangeren, kranken, kinderbeladenen Frau, die sich ihm darin unterwirft, überlassen, beim Feuerherd in der Hitze zu stehen oder die schreckliche Wascharbeit zu verrichten oder bei Nacht nach dem kranken Kinde zu sehen. Und all dies wegen dem Aberglauben, daß es eine spezifische Weiberarbeit gäbe.

Es ist ein schreckliches Übel, und von ihm stammen unzählige Krankheiten unglücklicher Frauen, vorzeitiges Altern, vorzeitiger Tod, Stumpfheit der Frauen selbst ebenso wie auch ihrer Kinder.

Die meisten Leiden, welche sich aus dem Verkehr des Mannes mit der Frau ergeben, haben ihre Quelle in dem völligen Nichtbegreifen des einen Geschlechts durch das andere.

Selten findet man einen Mann, der es begreifen würde, welche Bedeutung Kinder für die Frau haben, welche Stelle sie in ihrem Leben einnehmen, und noch seltener findet sich eine Frau, die zu begreifen vermag, was für den Mann die Pflicht der Ehre, die gesellschaftliche Pflicht, die religiöse Pflicht bedeuten.

———

Was kann unvernünftiger und schädlicher sein, als die modernen Gespräche über die Gleichheit der Geschlechter, ja über die Superiorität der Frau über den Mann. Für einen Menschen von christlicher Weltanschauung kann es selbstverständlich gar nicht in Frage kommen, daß irgend welche ausschließliche Rechte dem Manne zukommen sollten, daß man die Frau nicht ebenso zu achten, nicht ebenso zu lieben habe, wie jedermann. Jedoch zu behaupten, daß die Frau dieselben Geisteskräfte besitze, wie der Mann, und ganz besonders, daß die Frau ebenso wie der Mann von der Vernunft geleitet werde, daß sie auf dieselbe ebenso bauen könne, wie der Mann, heißt von der Frau Dinge verlangen, die sie nicht leisten kann (ich spreche nicht von den Ausnahmen, sondern von der Durchschnittsfrau und von dem Durchschnittsmanne), heißt sie aufzuregen und mit der Voraussetzung aufreizen, daß sie dasjenige nicht machen wolle, was sie eigentlich zu machen fähig wäre, da sie hierzu den kategorischen Imperativ der Vernunft besitze.

Zur sozialen Frage

Auf die Frage, wie man ohne Staat, Gericht, ohne Militär und ähnliches anderes existieren könne, kann keine Antwort gegeben werden, da die Frage falsch gestellt ist.

Es kann nicht das die Frage sein, wie wohl der Staat zu organisieren wäre, ob in der jetzigen oder einer anderen Weise. Weder ich sonst irgend jemand kann zur Lösung derartiger Fragen berufen sein.

Es obliegt uns aber allerdings und zwar nicht unserem Belieben gemäß, sondern unumgänglich die Lösung der Frage, wie wir zu handeln haben angesichts des fortwährend aufs neue eintretenden Dilemma: ob ich mein Gewissen den mich umgebenden Verhältnissen zu unterordnen habe, oder ob ich vielmehr meine Handlungen nur meinem Gewissen unterzuordnen und folglich auch keinen Anteil an der Regierung zu nehmen habe, deren Thaten meinem Gewissen widerstreben.

Was nun daraus folgen wird? Welche Formen der Staat dabei annehmen wird? Das alles weiß ich nicht. Nicht als ob ich es nicht wissen wollte, sondern ich kann es nicht wissen. Ich weiß nur so viel, daß aus dem Umstande, daß ich der mir eingegebenen höheren Regung meiner Vernunft und Liebe, mit anderen Worten, der vernünftigen Liebe folge, sich als Resultat nichts Böses ergeben kann. Ebenso wie sich nichts Böses daraus ergeben kann, wenn die Biene dem ihr eingegebenen höheren Instinkte folgt und mit dem Schwarme, den keine verläßt, ihrem Untergange zugeht. Jedoch, ich wiederhole es, ich will über diese Frage nicht urteilen.

Darin eben besteht die Macht der Lehre Christi und zwar nicht etwa deshalb, weil Christus ein Gott oder ein großer Mann gewesen ist, sondern deshalb, weil seine Lehre an und für sich unbezwingbar ist. Darin eben besteht der Wert der Lehre Christi, daß sie den Menschen aus der Sphäre ewiger Zweifel und Rätsel auf den festen Boden der Gewißheit überträgt. Du Mensch, vernünftiges und gutes Wesen, weißt es, daß diese Eigenschaften in dir die höchsten sind; außerdem weißt du auch, daß du heute oder morgen stirbst und verschwindest. Wenn ein Gott existiert, so fährst du zu ihm und Er wird Rechenschaft fordern von deinen Thaten, ob du seinen Gesetzen oder doch wenigstens den dir verliehenen höheren Eigenschaften entsprochen hast. Oder falls kein Gott existiert, so erkennst du doch mit Hilfe der Vernunft und Liebe deine höheren Eigenschaften und du mußt ihnen deine anderen Bestrebungen unterordnen und nicht umgekehrt diese deiner tierischen Natur, der Sorge um die Bequemlichkeiten des Lebens, der Ängstigung vor Unannehmlichkeiten, materiellen Nöten.

Ich wiederhole es, nicht darin besteht die Frage, welche Art von Gemeinleben die sichere, die bessere sein werde, ob dasjenige Gemeinwesen, welches sich mittels Kanonen, Flinten, Galgen verteidigt, oder dasjenige, welches sich nicht mittels dieser Mittel verteidigt? Sondern die Frage, die einzige Frage für jedermann, eine Frage, der man nicht ausweichen kann, besteht darin, ob du, vernünftiges und gutes Wesen, welches für eine kurze Frist in dieser Welt erschienen ist und jeden Moment daraus verschwinden kann, Anteil nehmen willst am Töten verirrter Leute oder ohne Auswahl aller Leute, die einem fremden Volke angehören, welches wir „Feinde" benennen? Willst du Anteil nehmen an der künstlich veranstalteten Degenerierung von Generationen mittels Opium und Branntwein, um deines eigenen Nutzens willen? Willst du ein Teilnehmer dieser Thaten sein oder auch nur in Solidarität treten mit denjenigen, die sie vollführen, oder willst du es nicht? Und die Antwort auf diese Frage kann für diejenigen, für die sie aufgetaucht ist, nur eine einzige sein. Was jedoch daraus folgen wird, weiß ich nicht, weil es mir zu wissen nicht gegeben ist. Was man aber zu thun hat, das weiß ich ohne allen Zweifel. Wenn ihr aber doch fragt: was daraus folgen wird? antwortete ich, daß gewiß Gutes folgen wird, weil man nach dem höchsten und bekannten Gesetze handelt, wenn man nach dem Gewissen und der Liebe handelt.

——

Auf daß eine Handlung sittlich sei, ist es nötig, daß sie zwei Bedingungen genüge. Sie muß zum allgemeinen Wohle der Menschheit beitragen und muß, zweitens, die Selbstvervollkommnung des Individuums befördern.

Eine Handlung muß, um sittlich zu sein, durch zwei positive Koordinaten bestimmt werden, sie muß immer in das Feld der zwei positiven Koordinaten zu liegen kommen, wie folgende Zeichnung zeigt:

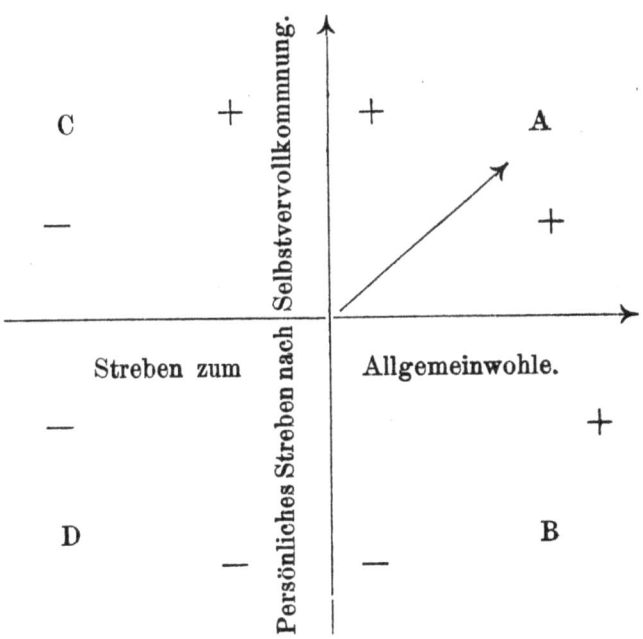

So daß, falls eine Handlung in gleicher Weise durch das Streben nach dem Allgemeinwohle und nach persönlicher Vervollkommnung bestimmt wird, sie ins Feld A auf die Diagonale zu
liegen kommt. Im geradezu entgegengesetzten Falle wird die
Handlung in das Feld D fallen und ganz böse sein.

Liegt sie im Felde B, so wird sie, obzwar das Gemeinwohl er-
strebend, doch der persönlichen Selbstvervollkommnung nicht
dienen. So die Thaten sämtlicher staatlichen Organisationen, Re-
volutionen, Inquisitionen.

Falls die Handlung in das Feld C zu liegen kommt, wird sie,
obzwar bestrebt der Selbstvervollkommnung zu dienen, doch
des Strebens zum Allgemeinwohle bar sein. So beschaffen sind
alle asketischen Handlungen, das Stehen auf der Säule u. a. ähnl.

————

Man sagt: eine Schwalbe macht keinen Sommer. Soll jedoch deswegen, weil eine Schwalbe keinen Sommer macht, diejenige
Schwalbe, welche bereits den Frühling spürt, nicht die Flügel
schwingen, sondern zuwarten?

Auf diese Art müßte jedes Gräslein, jede Sprosse warten und
der Sommer käme niemals.

————

Das größte Übel hochgebildeter Leute, wie z. B. Aniels[3], besteht
im Ballast ihrer vielseitigen und vorzugsweise ihrer ästhetischen
Bildung. Dies hindert sie zumeist, dasjenige zu wissen, was sie
wissen, wie sich Lotze ausdrückt. Und das ist eine Krankheit. Es
thut ihnen leid, den Ballast hinauszuwerfen und samt dem Bal-
laste finden sie keinen Platz im Boote der christlichen Erkenntnis. Und es scheint ihnen unwahrscheinlich, daß man einem so
kleinen Werke, wie die christliche Errettung ist, ein so zusam-
mengesetztes und verfeinertes Opfern könnte.

So war es mit Aniel [*Amiel*] und so steht es mit einer Legion
von anderen.

---

[3] [Anm. des Herausgebers: So in der Vorlage; gemeint ist hier vermutlich der von
Tolstoi durchaus geschätzte *Henry-Frédéric Amiel*, 1821-1881.]

Wohlthätigkeit

Ich habe mich überzeugt, daß man unmöglich wohlthätig sein kann, ohne ein völlig gutes Leben zu führen, und noch weniger kann man es sein, wenn man ein böses Leben führt. Die Bedingungen eines bösen Lebens sich zu gute machend, macht man Exkursionen in die Sphäre der Wohlthätigkeit.

Ich habe mich überzeugt, daß man durch Ausübung von Wohlthätigkeit nur dann sich und anderen Befriedigung schaffen kann, wenn die Wohlthätigkeit sich als das unumgängliche Resultat eines guten Lebens ergiebt, und daß die Forderungen eines solchen guten Lebens sehr entfernt von denjenigen Bedingungen sind, unter denen ich lebe.

Ich habe mich überzeugt, daß die Möglichkeit wohlthätig zu sein die Krone und die kostbare Vergeltung eines guten Lebens ist, und daß, um dieses Ziel zu erreichen, man eine lange Treppe gehen muß, deren erste Stiege ich noch gar nicht einmal betreten habe.

Den Menschen Wohlthaten erweisen kannst du nur, wenn nicht bloß andere nichts davon wissen, sondern auch du selbst nicht weißt, daß du gutes thust, auf daß die rechte Hand nicht wisse, was die linke thut, einzig so wie es in der Lehre der zwölf Apostel heißt: Deine Gabe soll so aus deinen Händen gehen, daß du es nicht wissest, wem du giebst.

Wohlthätig kannst du nur dann sein, wenn dein ganzes Leben ein Dienst für das Heil ist.

Wohlthätigkeit kann kein Zweck sein, sie ist unumgänglich das Resultat, die Frucht eines guten Lebens.

Welche Früchte aber kann es geben an einem trockenen Baume, der keine lebenden Wurzeln besitzt, keine lebende Rinde, keine Äste, keine Sprossen, keine Blätter, keine Blüten?

Man kann wohl Früchte anhängen, so etwa wie man Äpfel und Orangen mittels Bändchen an den Christbaum hängt. Der Christbaum wird jedoch davon nicht lebend und wird weder Äpfel noch Orangen tragen.

Bevor man an Früchte denkt, ist es nötig, den Baum einzuwurzeln, zu pfropfen und groß zu ziehen, muß man früher an gar vieles denken, um gar vieles sich bemühen und sich nicht freuen der guten Früchte, die wir anderen geben.

Man kann zwar fremde Früchte, mit denen der trockene Baum behängt ist, verschenken; daran ist jedoch nichts, was auch nur Ähnlichkeit hätte mit dem Guten.

———

Die Lehre Christi
dargestellt für Kinder

(Učenie Christa, izložennoe dlja detej. 1908)

Leo N. Tolstoi

Einzige autorisierte Übersetzung
aus dem Original-Manuskript von Dr. A. Škarvan[1]

Herausgegeben
von Dr. E. H. Schmitt.

VORWORT

DES HERAUSGEBERS

Es ist die vorliegende Arbeit in ihrer großgedachten Einfachheit
so recht aus der tiefsten Seele Tolstois hervorgegangen. An die
Stelle von vernunftwidrigen und zum Teil tief unmoralischen
Dogmen (ich berühre nur die Lehre vom Blutopfer, vom sakra-
mentalen Fetischdienst, von der ewigen Höllenstrafe), mit welcher ein kirchliches Scheinchristentum, tiefsinnige Symbole der
Vergangenheit travestierend, die Seele der Kinder und des ein-
fachen Volkes zu vergiften sich nicht scheut, will Leo Tolstoi die
einfache, rein menschlich gedachte Darlegung der erhabenen
Lehren des Bergpredigers und seiner Gleichnisse und Parabeln
sehen. Alles Mystisch-Dunkle, Jenseitige, mit dem die Kirchen

---

[1] Textquelle | Leo TOLSTOI: Die Lehre Christi dargestellt für Kinder. Einzige au-
torisierte Übersetzung aus dem Original-Manuskript von Dr. A[lbert]. Škarvan.
Herausgegeben von Dr. E[ugen]. H[einrich]. Schmitt. Zweite Auflage. Dresden:
E. Piersons Verlag 1909. [113 Seiten].

und Sekten den Gesichtskreis des Kindes trüben, löst sich hier in menschlich erhabenen Anschauungen und Empfindungen auf; alles Göttliche und Geistige wird auf seinen menschlich innerlichen Gehalt, auf das Gemeinbewußtsein und Gemeinschaftsgefühl alles Menschlichen zurückgeführt. Es sucht damit der Autor ebenso den berechtigten Tendenzen freireligiöser Strebungen sowie auch dem in eben diesen Kreisen und in den weiteren Kreisen der fortschrittlichen Intelligenz (zu der heute auch unsere Arbeiterwelt zählt) immer mächtiger hervortretenden Bedürfnis nach religiöser Vertiefung zu genügen, angesichts jener Generation, in der wir die Hoffnung der Zukunft sehen. Es beginnt eben die Überzeugung immer mehr Wurzel zu fassen, daß man die gebräuchliche kirchliche Lehre in der Seele der Kinder nicht durch kahle Moralregeln ersetzen könne. Es wird die kindliche Seele das geistig Tiefe und sittlich Erhabene doch immer nur in der Form sinniger Bilder aufzunehmen fähig fein, die es stufenweise in die Tiefe des eigentlichen Sinnes hineingeleiten. Unserer Kulturwelt liegen hier zunächst die in ihrer ursprünglichen Fassung so einfach großen Grundzüge der Evangelien.

Es hat diese Bearbeitung vor allem den Zweck, ein Leitfaden für die führenden Lehrer (und hier stehen an erster Stelle die Eltern selbst) zu sein, die auf dem Wege der Verinnerlichung der religiösen Weltanschauung die Veredlung des Gemüts der Kinder zu fördern berufen wären.

Dr. Eugen Heinrich Schmitt.

———

Vorwort
[Des Verfassers]

Im vorigen Jahr entstand bei mir eine kleine Schule, die aus Bauernkindern zwischen dem zehnten und dreizehnten Jahr zusammengesetzt war. Indem ich den Wunsch hegte, ihnen die Lehre Christi so zu übermitteln, daß diese ihnen begreiflich und von Einfluß für ihr Leben sei, erklärte ich ihnen mit eigenen Worten jene Stellen aus den vier Evangelien, die mir für die sittliche Leitung im Leben die leichtfaßlichsten zu sein schienen.

Je länger ich mich mit dieser Sache beschäftigte, desto klarer wurde mir, – aus der Wiedergabe des Vorgetragenen durch die Kinder und aus ihren Fragen – was am deutlichsten von ihnen verstanden wurde und was sie am meisten anzog.

Indem ich dies zur Richtschnur nahm, habe ich vorliegendes Büchlein verfaßt. Ich glaube, daß das kapitelweise Lesen desselben, begleitet von den durch die Lektüre erweckten Erklärungen über die Möglichkeit und Notwendigkeit einer Anwendung der ewigen Wahrheiten dieser Lehre im Leben, nur günstig auf die Kinder wirken muß, die nach den Worten Christi für die Lehre vom Reiche Gottes besonders empfänglich sind.

Am 12. Juni 1908.
Leo Tolstoi.

―――

DIE LEHRE CHRISTI
DARGESTELLT FÜR KINDER

1. |

Jesus Christus hat den Menschen durch seine Lehre und sein Leben offenbart, daß in jedem der Geist Gottes lebt.

Nach der Lehre Christi kommt alles Elend der Menschen daher, daß sie ihr Leben in ihrem Körper, nicht aber im Geiste suchen. Deswegen hadern sie untereinander, deswegen quälen sie ihre Seele, deswegen fürchten sie den Tod.

Würden die Menschen ihr Leben im Geiste Gottes sehen, – so gebe es weder Feindseligkeiten, noch Seelenqualen, noch Furcht vor dem Tod.

Alle Menschen möchten es gut haben. Die Lehre Christi enthüllt den Menschen, daß ihnen das Heil gegeben ist. Deshalb heißt auch die Lehre Christi Evangelium.

Eυ bedeutet froh, αγγελιον bedeutet Botschaft, also die frohe Botschaft.

FRAGEN: 1. Was hat Jesus Christus den Menschen offenbart? 2. Was hat es für Folgen, wenn die Menschen ihr Leben im Körper vermeinen? 3. Was würde folgen, wenn die Menschen ihr Leben im Geiste suchten?

2. |

Jesus wurde vor 1908 Jahren von Maria, der Frau des Joseph, geboren. Bis zum dreißigsten Jahr lebte Jesus in der Stadt Nazareth mit Mutter, Vater und Brüdern, und als er erwachsen war, half er dem Vater bei seiner Zimmermannsarbeit.

Als Jesus bereits dreißig Jahr alt war, hörte er, daß das Volk die Predigten eines heiligen Einsiedlers besuche. Dieser Einsiedler hieß Johannes. Und so ging Jesus mit dem Volk in die Wüste, um die Predigt Johannis anzuhören. Johannes sprach, daß die Zeit des Himmelreiches gekommen sei, eine Zeit, wo alle Menschen begreifen würden, daß sie alle gleich seien, daß es weder

Hohe, noch Niedrige gebe, daß alle in Liebe und Eintracht untereinander leben müssen. Er sprach, daß diese Zeit nahe sei, aber gänzlich sich erst dann erfüllen werde, wenn die Menschen aufhörten, Ungerechtigkeiten zu verüben.

Wenn schlichte Leute Johannes fragten, was sie tun sollen? sagte er: Wer zwei Röcke hat, soll einen dem Armen geben, ebenso wer Nahrungsmittel besitzt, der solle sie mit dem teilen, der keine hat. Den Reichen aber sagte Johannes, sie sollten das Volk nicht ausbeuten. Zu den Kriegsleuten sprach er, sie sollten niemanden berauben, sollten sich begnügen mit dem, was sie an Sold beziehen und sollten keine unzüchtigen Reden führen. Den Pharisäern und Sadduzäern, den Schriftgelehrten sagte er, sie sollten ihr Leben ändern und Buße tun. Wähnet nicht, sprach er zu ihnen, daß ihr Menschen besonderer Art seid. Ändert euer Leben und ändert es so, daß man aus euren Werken sieht, daß ihr euch geändert habt. Wenn ihr euch aber nicht ändern werdet, so werdet ihr dem nicht entgehen, was mit dem Fruchtbaum geschieht, sobald er keine Früchte trägt. Wenn der Baum keine Früchte trägt, wird er abgehauen; dasselbe wird auch euch treffen, wenn ihr keine guten Werke tut. Wenn ihr euer Leben nicht ändert, werdet ihr alle zugrunde gehen.

Johannes redete allen zu, barmherzig, gerecht, sanftmütig zu sein. Und jene, die ihm versprochen hatten, ihr Leben zu bessern, tauchte er zum Zeichen der Änderung ihres Lebens in das Wasser des Flusses Jordan. Bei dieser Handlung aber sagte er: Ich reinige euch durch Wasser, aber gänzlich reinwaschen kann euch nur der Geist Gottes in euch selbst.

Und die Worte Johannis, die Menschen müßten ihr Leben ändern, damit das Reich Gottes komme, und daß die Menschen sich nur durch den Geist Gottes reinigen könnten, diese Worte blieben Jesus in der Seele haften. Und auf daß er alles überlege, was er von Johannes vernommen hatte, kehrte Jesus nicht heim, sondern blieb in der Wüste. Und er verbrachte daselbst viele Tage im Nachdenken darüber, was er von Johannes gehört hatte.
(Matth. 1, 18; Luk. 2, 51; 3, 28; Matth. 3, 1–13; Luk. 8, 3–14; Matth. 4, 1–2.)

FRAGEN: 1. Wo und in welcher Familie war Christus geboren? 2. Was predigte Johannes dem Volke, den Reichen, den Soldaten, den Pharisäern und Sadduzäern? 3. Wie hörte Jesus dem Predigen des Johannes zu und welche Worte blieben ihm in der Seele haften? 4. Wohin ging er danach, als er Johannes gehört hatte?

3. |

Johannes sagte, damit das Reich Gottes komme, müßten sich die Menschen reinigen durch den Geist Gottes.

Was heißt denn sich reinigen durch den Geist Gottes? – dachte Jesus. Wenn die Reinigung durch den Geist bedeutet, nicht dem eigenen Körper, sondern dem Geiste Gottes leben, dachte Jesus, so würde wahrlich das Reich Gottes kommen, denn der Geist Gottes ist ein und derselbe in allen Menschen. Wollten alle Menschen im Geiste leben, dann wären alle Menschen einig und das Reich Gottes würde kommen. Aber die Menschen können nicht nur im Geiste leben, sie müssen auch dem Körper leben. Wenn sie jedoch dem Körper leben, dem Körper dienen, um ihn sorgen, so werden alle gesondert leben, werden so leben, wie sie jetzt leben und das Reich Gottes wird niemals kommen. Was tun? – dachte Jesus. Durch den Geist allein leben ist unmöglich, aber durch den Körper leben, wie jetzt die weltlichen Menschen tun, ist böse, und wenn man so lebt, so werden alle gesondert leben und das Reich Gottes wird niemals kommen. Was tun? Seinen Körper töten, dachte Jesus – das kann man nicht, denn der Geist lebt im Körper infolge von Gottes Willen. Sich töten, hieße, gegen den Willen Gottes handeln.

Und nachdem sich Jesus so besonnen hatte, sagte er sich: Also folgt, daß man durch den Geist allein nicht leben kann, denn der Geist lebt im Körper. Ebenso kann man auch durch den Körper allein nicht leben, dem Körper dienen, wie alle Menschen tun. Auch sich befreien vom Körper, sich töten, kann man nicht, weil der Geist nach dem Willen Gottes im Körper lebt. Was also kann man tun? Man kann eins tun: im Körper leben, wie Gott das will, aber im Körper lebend, nicht dem Körper, sondern Gott dienen.

Und nachdem Jesus die Sache so erwogen hatte, verließ er die Wüste und machte sich auf, um seine Lehre in Stadt und Land zu predigen.

(Matth. 4, 3–10; Luk. 4, 3–15.)

FRAGEN: 1. Was dachte Jesus nach der Predigt des Johannes? 2. Was würde geschehen, wenn die Menschen durch den Geist allein leben würden? 3. Was geschieht infolgedessen, daß jeder Mensch für seinen Körper lebt? 4. Warum kann man sich vom Körper nicht befreien? 5. Wie also hat man zu leben?

4. |

Es verbreitete sich das Gerücht über Jesus in der Umgegend und viele folgten ihm und hörten ihm zu.

Und er redete zu dem Volke: Einst zogt ihr in die Wüste hinaus, Johannes zu hören, was wolltet ihr da von ihm? Man geht, Leute in kostbaren Kleidern zu sehen, diese wohnen jedoch in Palästen, in der Wüste aber gab es nichts dergleichen. Weshalb also zogt ihr in die Wüste zu Johannes? Ihr zogt hin, um den zu hören, der euch recht leben lehrte? Was lehrte er euch denn? Er lehrte euch, daß das Reich Gottes kommen müsse, aber damit es käme, damit kein Übel in der Welt sei, sei notwendig, daß alle Menschen nicht getrennt, jeder für sich, sondern alle einig, alle in gegenseitiger Liebe leben. Und so müßt ihr, damit das Reich Gottes komme, vor allen Dingen euer Leben ändern. Das Reich Gottes kommt nicht von selbst, nicht Gott wird dieses Reich errichten, sondern ihr selbst müsset und könnet es errichten und werdet es errichten, sobald ihr euch die Mühe gebt, euer Leben zu ändern.

Glaubet nicht, daß das Reich Gottes auf eine sichtbare Art kommen werde. Das Reich Gottes kann man nicht sehen. Und wenn man euch sagt: sehet, hier oder da ist es, glaubet nicht und folget nicht. Das Reich Gottes ist weder in der Zeit noch an irgend einem Ort. Es ist überall und es ist nirgends, denn es ist inwendig in euch, in eurer Seele.

(Matth. 11, 7–12; Luk. 16, 16; 17, 20–24.)

FRAGEN: 1. Was sagte Jesus über die Lehre des Johannes? 2. Was ist notwendig, damit das Reich Gottes herankomme? 3. Wo ist das Reich Gottes?

5. |

Jesus legte seine Lehre immer klarer dar. Und einmal, als viel Volk um ihn versammelt war, begann er zu sprechen, wie die Menschen leben müßten, damit das Reich Gottes komme.

Er sprach: Das Reich Gottes ist ganz anders, als die weltlichen Reiche. In das Reich Gottes gehen die Stolzen, die Reichen nicht ein. Die Stolzen und Reichen herrschen jetzt. Sie genießen jetzt und jetzt werden sie von allen gelobt und geachtet. Aber so lange sie stolz und reich sind und ihre Seelen vom Reiche Gottes nichts wissen, können sie in das Reich Gottes nicht eingehen. Eingehen in das Reich Gottes werden nicht die Stolzen, sondern die Demütigen, nicht die Reichen, sondern die Armen. Aber nur dann werden die Demütigen und Armen in das Reich Gottes eingehen, wenn sie demütig und arm sein werden, nicht deshalb, weil sie es nicht verstanden haben, ruhmvoll und reich zu werden, sondern deshalb, weil sie nicht sündigen wollten, um vornehm und reich zu werden. Wenn ihr aber nur deshalb arm seid, weil ihr es nicht verstanden habt, euch zu bereichern, so seid ihr wie das schale Salz. Man hat das Salz nur dann nötig, wenn es salzig ist; wenn es aber nicht salzig ist, so taugt es zu nichts und man schüttet es weg.

So auch ihr, – wenn ihr nur deshalb arm seid, weil ihr es nicht verstanden habt, euch zu bereichern, so ist euer Platz weder unter den Armen, noch unter den Reichen.

Eines nur tut auf der Welt not: im Reiche Gottes zu sein. Suchet nach dem Reiche Gottes und nach seiner Wahrheit und ihr werdet alles Nötige haben.

Auch glaubet nicht, daß ich etwas Neues lehre. Ich lehre dasselbe, was euch alle Weisen und heiligen Männer gelehrt haben. Ich lehre nur, wie man erfüllen müsse, was sie lehrten. Damit man aber erfülle, was sie lehrten, muß man die Gebote Gottes befolgen, – nicht nur über sie sprechen, wie die falschen Lehrer sprechen, sondern sie erfüllen. Weil nur derjenige, der die Gebote Gottes erfüllt und durch sein Beispiel auch andere sie zu erfüllen lehrt, in das Reich Gottes eingeht.

(Matth. 5, 1–20; Luk. 6, 20–26.)

FRAGEN: 1. Worin unterscheidet sich das Reich Gottes von den weltlichen Reichen? 2. Wie müssen die Menschen sein, um in das Reich Gottes einzugehen? 3. Was lehrte Jesus?

6. |

Und Jesus sprach:

Das erste Gebot ist, wie [es] im *alten Testament* heißt: Du sollst nicht töten. Und wer tötet, ist schuldig.

Ich aber sage euch, wenn der Mensch seinem Bruder zürnt, so ist er schon schuldig vor Gott; noch schuldiger ist er, wenn er seinem Bruder ein rohes Schimpfwort sagt. Wenn du also beten willst, und es fällt dir ein, daß du deinem Bruder zürnst, so gehe, ehe du betest, zuerst hin und söhne dich mit ihm aus; und falls du dies aus irgend einem Grunde nicht tun kannst, so lösche in deiner Seele den Zorn gegen den Bruder aus.

Das ist das erste Gebot.

Das andere Gebot ist das des *alten Testamentes*: Du sollst nicht ehebrechen, und wenn du dich von deiner Frau trennst, so gib ihr einen Scheidebrief.

Ich aber sage euch, daß der Mensch nicht nur nicht ehebrechen darf, sondern wenn er das Weib mit lüsternen Gedanken ansieht, so ist er schon dadurch sündig vor Gott. Von der Ehescheidung aber sage ich euch: daß wer sich von seiner Frau scheiden läßt, der bricht selbst die Ehe und veranlaßt auch die Frau zum Ehebruch und verleitet auch denjenigen zur Sünde, der die Geschiedene heiratet.

Das ist das zweite Gebot.

Das dritte Gebot lautet im *alten Testament*: Du sollst den Schwur nicht brechen, vielmehr sollst du deine Schwüre vor Gott halten.

Ich aber sage euch, man soll überhaupt nicht schwören, sondern, wenn man dich über etwas befragt, sage da: ja, falls ja; und nein, falls nein. Bei nichts aber darf man schwören. Der Mensch ist völlig in der Macht Gottes, und deshalb kann er nicht im vorhinein versprechen, daß er vollbringen wird, was er geschworen hat.

Das ist das dritte Gebot.

Das vierte Gebot lautet im *alten Testament*: Auge um Auge und Zahn um Zahn.

Ich aber sage euch, ihr sollt nicht Böses mit Bösem, nicht Auge um Auge, nicht Zahn um Zahn vergelten. Und wenn dich jemand auf die eine Wange schlägt, so ist es besser, ihm auch die andere zu bieten, als Schlag mit Schlag zu vergelten. Und wer dir den Rock nehmen will, dem gib lieber auch den Mantel, als daß du dich mit dem Bruder zerzankest und schlägst. Man soll dem Bösen nicht mit Bösem Widerstand leisten.

Das ist das vierte Gebot.

Das fünfte Gebot lautet, wie in eurem *alten Testament* gesagt ist: Du sollst deinen Landsmann lieben, die Menschen fremder Nationen aber hassen.

Ich aber sage euch, man muß alle Menschen lieben. Wenn sich die Menschen als eure Feinde betrachten, euch hassen, verfluchen und verfolgen, so liebet sie dennoch und tut ihnen Gutes. Alle Menschen sind Söhne eines Vaters. Alle sind Brüder und deshalb muß man alle Menschen auf die gleiche Art lieben.

Das ist das fünfte und letzte Gebot.

(Matth. 5, 21–48.)

FRAGEN: 1. Worin besteht das erste Gebot? 2. Worin das zweite? 3. Worin das dritte? 4. Worin das vierte? 5. Worin das fünfte Gebot?

7. |

Auch sprach noch Jesus allen, die ihm zuhörten, was geschehen würde, wenn sie seine Gebote erfüllten.

Glaubet nicht, sagte er, daß wenn ihr den Menschen nicht

zürnt, mit allen euch versöhnt, mit einer Frau lebt, nicht schwört und keinen Eid leistet, wenn ihr euch nicht verteidigt gegen die, die euch beleidigen, wenn ihr alles hingebt, um was man euch bittet, wenn ihr die Feinde liebt, – glaubet nicht, daß wenn ihr so leben werdet, euer Leben beschwerlich wird, schlimmer als das, welches ihr jetzt führt. Glaubet das nicht, – euer Leben wird nicht schlimmer, sondern viel besser werden, als das jetzige ist. Unser himmlischer Vater gab uns Sein Gesetz nicht deshalb, damit sich unser Leben schlimmer gestalte, sondern, damit wir das wahre Leben haben.

Lebet nach dieser Lehre, und es wird das Reich Gottes kommen, und alles, was ihr benötigt, werdet ihr haben.

Gott gab sein Gesetz den Vögeln und den Tieren, und wenn sie diesem Gesetze nach leben, ist ihnen wohl. Auch euch wird wohl sein, wenn ihr das Gesetz Gottes erfüllt. Das, was ich sage, sage ich nicht aus mir, aber es ist das Gesetz Gottes, und es steht in den Herzen aller Menschen geschrieben. Würde dieses Gesetz nicht allen Menschen das Heil verleihen, Gott hätte es nicht gegeben.

Das Gesetz besteht kurz gesagt darin, daß man Gott und den Nächsten liebe wie sich selbst. Wer dieses Gebot erfüllt, der behandelt andere so, wie er möchte, daß die anderen mit ihm tun sollen. Deshalb tut jeder, der diese meine Worte hört und erfüllt, dasselbe, was ein Mann tut, der sein Haus auf steinernen Grund baut: ein solcher fürchtet nicht den Regen, noch das Austreten der Flut, noch Sturmwetter, denn sein Haus ist auf Steingrund erbaut. Aber jeder, der diese meine Worte hört und sie nicht erfüllt, tut dasselbe, was der Törichte tut, indem er sein Haus auf Sandgrund baut. Solches Haus kann dem Wasser und Stürmen nicht widerstehen und stürzt ein und geht zugrunde.

Und als Jesus diese Worte beendet hatte, war das Volk erstaunt ob seiner Lehren.

(Matth. 6, 26–33; 7, 24–28.)

FRAGEN: 1. Was wird daraus, wenn du die fünf Gebote erfüllst? 2. Warum hat man nicht zu fürchten, daß es schlimmer werde durch die Erfüllung dieser Gebote? 3. Worin besteht das

Gesetz der Tiere und worin das der Menschen? 4. Worin besteht in Kürze das ganze Gesetz und worin seine Erfüllung?

8. |

Danach begann Jesus dem gesamten Volk in Gleichnissen zu erläutern, wie das Reich Gottes zu verstehen sei.

Das erste Gleichnis, das er sagte, war dieses:

Wenn der Mensch Samen auf sein Ackerland wirft, da kümmert er sich nicht um sie, sondern schläft bei Nacht und geht am Tage seinen Geschäften nach, ohne zu sorgen, wie der Same aufgeht und wächst. Die Samen aber schwellen an von selbst, keimen auf, grünen, gehen in Hälmchen, dann in Ähren, dann füllen sie sich mit Korn. Und nur dann, wenn die Saat reif geworden ist, schickt der Eigentümer die Schnitter hin, das Getreide zu schneiden.

So führt auch Gott nicht kraft Seiner Macht das Reich Gottes unter den Menschen ein, sondern überläßt es ihnen selbst, dies zu vollbringen.

Ein zweites Gleichnis sagte Jesus darüber, daß wenn der Mensch in seinem Innern das Reich Gottes nicht hat, so wird Gott solchen Menschen in Sein Reich nicht aufnehmen, sondern Er läßt ihn in der Welt solange, bis er des Reiches Gottes würdig wird. Er sagte: Das Reich Gottes gleicht einem Netz, das der Fischer in die See geworfen hat und in welchem er allerlei Fische zusammenfängt: nachdem er aber die Fische gefangen hat, liest er diejenigen aus, welche er braucht, die unbrauchbaren aber wirft er wieder ins Meer.

Und er sagte darüber noch ein drittes Gleichnis:

Ein Säemann säete guten Samen auf seinen Acker. Die Samen begannen zu sprießen, und auch Unkraut wuchs unter ihnen. Und es kamen die Knechte zum Besitzer und sagten: Hast du etwa schlechte Samen gesät? Auf deinem Acker ist viel Unkraut da. Schicke uns, wir wollen es jäten. Aber der Besitzer sagte: Lasset das, sonst würdet ihr beim Jäten des Unkrauts auch den Weizen zertreten. Mögen sie miteinander wachsen. Es wird die

Erntezeit kommen, dann werde ich den Schnittern auftragen, den Weizen auszulesen und das Unkraut zurückzulassen.

So gestattet auch Gott den Menschen nicht, sich in das Leben anderer zu mischen und mischt sich auch Selbst nicht ein. Jeder Mensch vermag nur durch eigene Kräfte in das Reich Gottes zu gelangen.

(Mark. 4, 26–29; Matth. 13, 47–48, 24–30).

FRAGEN: 1. Was hatte Jesus dem Volk in Gleichnissen erklärt? 2. Welches ist das erste Gleichnis? 3. Welches das zweite? 4. Welches das dritte?

9. |

Und außer diesen Gleichnissen, sagte ihnen Jesus noch solches Gleichnis über das Reich Gottes. Er sprach:

Wenn man Samen auf den Acker streut, so gehen nicht alle Samen in gleicher Weise auf. Aber es geschieht so mit den Samen: Einige der Samen fallen auf den Weg und es fliegen die Vögel herbei und picken sie auf. Auch solche Samen gibt es, die auf steinigen Boden fallen, und obzwar sie schnell aufgehen, währen sie nicht lange: sie können nicht Wurzel fassen, die Sprossen trocknen bald aus. Auch gibt es solche Samen, die unter Dornen fallen, und die Dornen ersticken sie. Aber es gibt auch solche, die auf guten Boden fallen und aufkommen und aus einem Korn dreißig und sechzig Körner bringen.

Ebenso gibt es auch unter den Menschen solche, die das Reich Gottes nicht in ihr Herz aufnehmen. Es kommen die Versuchungen des Fleisches an sie heran und reißen hinweg, was gesäet war, – das sind die Samen auf dem Weg. Es ist·aber so, als wenn Samen auf steinigen Boden fielen, – wenn die Menschen die Lehre anfangs mit Freuden aufnehmen, aber dann, wenn Trübsale und Verfolgungen kommen um der Lehre willen, sich von ihr lossagen.

Die Samen unter den Dornen deuten auf die Menschen, die den Sinn des Reiches Gottes verstanden haben, aber die Sorgen der Welt und die Gier nach Reichtum ersticken in ihnen den Sinn der Lehre. Die Samen aber, die auf gutes Erdreich fallen, deuten auf die, die den Sinn des Reiches verstanden und in ihr Herz ausgenommen haben und deshalb dreißigfache oder sechzigfache oder hundertfache Frucht tragen. So daß demjenigen, der behält, was ihm gegeben ist, vieles gegeben wird, dem aber, der es nicht behält, auch das Letzte genommen wird. Deshalb trachtet aus allen Kräften in das Reich Gottes einzugehen. Scheuet nichts, nur um hinein zu gelangen.

Tut so, wie jener Mann tat, der, nachdem er erfahren hatte, wo ein großer Schatz vergraben lag, alles verkaufte, was er besaß, und jenen Acker kaufte, wo der Schatz lag, und so zum reichen Manne ward. So sollt auch ihr tun.

Gedenket, daß eine kleine Anstrengung um des Gottesreiches willen viele Früchte bringt; ganz so, wie aus einem winzigen Samenkörnlein ein hoher Baum erwächst.

Jeder Mensch kann nur mit Hilfe der eigenen Kräfte in das Reich Gottes eingehen, denn das Reich Gottes ist inwendig in uns.

(Matth. 13, 3–18; 12, 19–23. 31–32, 44–46; Luk. 16, 16.)

FRAGEN: 1. Worüber trug Jesus noch ein Gleichnis vor? 2. Wie lautet das Gleichnis? 3. Was bedeutet es? 4. Wie hat man um das Reich Gottes zu ringen? 5. Wie lohnt sich diese Anstrengung?

10. |

Als diese Worte ein Pharisäer, namens Nikodemus, hörte, kam er zu Jesus und fragte ihn, wie das zu verstehen wäre, daß das Reich Gottes inwendig in uns sei.

Und Jesus sagte: Daß das Reich Gottes inwendig in uns sei, bedeutet, daß jeder Mensch, auf daß er in das Reich Gottes eingehe, von neuem geboren werden müsse.

Da fragte Nikodemus: Wie kann ein Mensch von neuem geboren werden? Der Mensch kann doch nicht in den Mutterleib zurückkehren und von neuem geboren werden!

Jesus sagte zu ihm: Wiedergeboren werden, heißt nicht leiblich geboren werden, wie das Kind, das die Mutter gebärt, sondern geboren werden aus dem Geist. Aus dem Geist geboren werden aber heißt so viel, daß der Geist Gottes im Menschen lebt und daß jeder Mensch, außerdem daß er durch die Mutter geboren wird, auch aus dem Geist Gottes geboren wird. Was aus dem Fleisch geboren wird, ist Fleisch, es leidet und stirbt, aber was aus dem Geist geboren ist, ist Geist und lebt durch sich selbst und kann weder leiden, noch sterben.

Gott hat seinen Geist dem Menschen nicht deshalb gegeben, damit sie sich plagen und zugrunde gehen, sondern damit sie ein freudvolles und ewiges Leben haben. Und jeder Mensch kann solches Leben haben. Ein solches Leben ist eben das Reich Gottes.

Und deshalb hat man das Reich Gottes nicht so zu verstehen, daß für alle Menschen zu irgendwelcher Zeit und an irgendwelchem Ort das Reich Gottes kommen werde, sondern so, daß wenn die Menschen den Geist Gottes in sich erkennen und durch ihn leben, sie in das Reich Gottes eingehen und weder leiden noch sterben; wenn aber die Menschen den Geist Gottes in sich nicht erkennen und für den Körper leben, so leiden sie und gehen zugrunde.

(Joh. 3, 1–21.)

FRAGEN: 1. Worüber hat Nikodemus Jesus befragt? 2. Was antwortete Jesus-? 3. Worüber noch hat Nikodemus gefragt? 4. Was antwortete Jesus? 5. Wozu hat Gott seinen Geist dem Menschen verliehen?

11. |

Und immer mehr Volk folgte Jesus und hörte auf seine Lehre. Den Pharisäern aber wurde das anstößig, und sie begannen zu sinnen, wie sie Jesus vor dem Volke anklagen könnten.

Da ging Jesus einmal am Sabbat durch das Feld. Seine Jünger rauften unterwegs Ähren aus, rieben sie in den Händen und aßen die Körner. Nach der Lehre der Juden aber hatte Gott durch Moses ein Gebot gegeben, daß die Menschen am Sabbat nichts arbeiten, sondern nur zu Gott beten sollen. Die Pharisäer sahen, daß die Jünger Jesu am Sabbat Ähren rieben, hielten sie an und sagten zu ihnen: es ziemt sich nicht, am Sabbat so zu tun. Am Sabbat darf man nicht arbeiten, ihr aber reibt die Ähren. Im Gesetz heißt es, man müsse diejenigen, die am Sabbattage arbeiten, mit dem Tode strafen.

Jesus hörte das und sagte: Der Prophet sagt, daß Gott Liebe will und nicht Opfer. Wenn ihr diese Worte verstündet, würdet ihr meine Jünger nicht verdammen. Der Mensch ist wichtiger als der Sabbat. Und die Pharisäer wußten nicht, was sie antworten sollten und schwiegen.

Ein anderes Mal sahen die Pharisäer, daß Jesus in das Haus des Zöllners Matthäus gekommen war und mit seinen Hausgenossen zu Tische saß. Aber die, mit denen er zu Tische saß, wurden von den Pharisäern für ungläubig angesehen. Die Pharisäer begannen Jesus zu verdammen: sie sagten, es wäre gesetzwidrig, mit Ungläubigen zu essen.

Jesus aber sagte: – Ich lehre allen die Wahrheit, die die Wahrheit kennen wollen. Ihr wähnt euch rechtgläubig und meint, daß ihr die Wahrheit kennt, und deshalb hat man euch nichts weiter zu lehren. Lehren kann man folglich, eurer Meinung nach, nur die Ungläubigen. Wie aber werden sie die Wahrheit lernen, wenn wir nicht mit ihnen zusammenkommen?

Nicht wissend, was darauf zu antworten, begannen die Pharisäer die Jünger Jesu deswegen zu tadeln, daß sie mit ungewaschenen Händen das Brot aßen. Denn sie selbst hielten sich streng an ihre Überlieferung, wie man Hände und Krüge waschen müsse. Auch aßen sie nichts, was vom Markt kam, wenn sie es nicht wuschen.

Auf diese Worte hin sagte Jesus: Ihr macht uns Vorwürfe, weil wir die Waschungen nicht beobachten, wenn wir essen, jedoch nicht das verunreinigt den Menschen, was von außen in seinem Körper eingeht. Es verunreinigt den Menschen das, was aus seiner Seele herauskommt, weil aus der Seele des Menschen das Böse kommt, Unzucht, Mord, Diebstahl, Habsucht, Bosheit, Betrug, Dreistigkeit, Neid, Lästerung, Hochmut und alles Böse. Alles Böse kommt aus der Seele des Menschen, und nur das Böse kann den Menschen verunreinigen. Habt Liebe in eurer Seele zu den Brüdern, dann wird alles rein sein.

(Matth. 12, 1–8; 9, 9–13; Mark. 7, 1–5; 14–28.)

FRAGEN: 1. Was dachte der Pharisäer über die Lehre Jesu? 2. Wessen beschuldigte man anfangs Seine Jünger? 3. Was antwortete -Jesus? 4. Wessen beschuldigte man sie ein andermal? 5. Was antwortete Jesus? 6. Wessen beschuldigte man sie ein drittes Mal? 7. Was antwortete Jesus?

12. |

Einmal entfernte sich Jesus von den Jüngern und begann zu beten. Und nachdem er geendet hatte, traten die Jünger zu ihm heran und sagten: „Meister, lehre uns beten."

Und er sagte ihnen:

Vor allem soll man nicht beten, wie dies oft getan wird, um von den Leuten gesehen und dafür gerühmt zu werden. Wenn man so tut, so tut man dies der Menschen halber und man empfängt auch den Lohn dafür von den Menschen. Die Seele aber hat keinen Nutzen von solchem Gebet. Wenn ihr jedoch beten wollt, so gehet an einen Ort, wo euch niemand sieht, und betet dort zu eurem Vater, und euer Vater wird euch geben, wessen ihr für eure Seele bedürft.

Und wenn ihr betet, machet nicht viele Worte. Euer Vater weiß, was ihr bedürft, und wenn ihr auch nicht alles sagt, wird Er euch geben, was eure Seele bedarf.

Beten soll man vor allem: daß der Geist Gottes uns heilig sei; damit das Reich Gottes in unsere Seele komme; daß wir nicht nach unserem, sondern nach dem Willen Gottes leben; daß wir nichts Überflüssiges begehren, sondern nur unseren täglichen Lebensunterhalt; daß unser Vater uns helfe, daß wir unseren Brüdern ihre Schuld vergeben und uns beistehe, uns von der Versuchung und dem Übel zu befreien.

Euer Gebet sei dieses: Unser Vater, der du bist im Himmel! Geheiligt werde dein Name. Es komme dein Reich. Es geschehe dein Wille auch auf Erden, wie im Himmel. Unser tägliches Brot gib uns jeden Tag. Und vergib uns unsere Schuld, ebenso wie auch wir allen denen vergeben, die sich gegen uns verschuldet haben, und erlöse uns von der Versuchung und vom Übel.

So soll man beten, aber wenn ihr beten wollt, so denkt vor allem, ob ihr nicht etwa in eurer Seele gegen irgendjemand Böses hegt, und wenn ihr euch erinnert, daß ihr gegen irgendwen Böses hegt, so gehet vorerst und söhnt euch aus mit dem, gegen den ihr Böses hegt, und falls ihr jenen Menschen nicht finden könnt, so reißet das Böse aus eurem Herzen und erst dann betet. Nur dann wird euch euer Gebet von Nutzen sein.

(Luk. 11, 1; Matth. 6, 5–14; Mark. 11, 25–26; Matth. 5, 23–24.)

FRAGEN: 1. Wer hat Christus über das Gebet befragt und wo geschah dies? 2. Wie lehrte Christus, daß man nicht beten solle? 3. Weshalb soll man nicht so beten? 4. Wie und wo soll man beten? 5. Was geschieht durch das Gebet? 6. Warum soll man nicht beim Beten viele Worte machen? 7. Um was soll man fürs erste beten? 8. Um was zweitens, drittens, viertens, fünftens, sechstens? 9. Welche sind die Worte des Gebetes? 10. Was hat man vor dem Gebet zu tun?

13. |

Einmal trug es sich zu, daß Jesus bei einem Pharisäer speiste. Und als er im Hause des Pharisäers saß, kam ein Weib aus der Stadt. Es war eine Ungläubige. Sie erfuhr, daß Jesus im Hause des Pharisäers weile, und kam auch dahin und brachte ein Gefäß mit Salbe. Und sie warf sich zu Jesu Füßen und weinte, und netzte mit Tränen seine Füße, und trocknete sie mit ihrem Haupthaar und salbte sie mit der Salbe.

Als der Pharisäer das sah, erregte das Anstoß bei ihm und er dachte bei sich über Jesus: Wenn dieser Mann wirklich ein Prophet wäre, dann würde er wissen, daß dieses Weib ungläubig und eine Sünderin ist und würde es nicht gestatten, daß sie ihn berührt.

Jesus vermutete, was der Pharisäer dachte, er wandte sich zu ihm und sagte:

„Soll ich dir sagen, was ich denke?"

„Sprich," – sagte der Pharisäer.

Da sagte Jesus:

„Höre denn: Zwei Menschen waren verschuldet bei einem Reichen, einer war ihm fünfhundert, der andere aber fünfzig Denare schuldig. Und keiner von ihnen konnte bezahlen. Der Reiche schenkte es ihnen beiden. Nun, was meinst du, wer von den beiden wird den reichen Mann mehr lieben und ihm mehr dankbar sein?"

Der Pharisäer sagte:

„Gewiß, der, welcher mehr schuldig war."

Da wies Jesus auf das Weib und sagte:

„So auch du und dieses Weib. Du hältst dich für rechtgläubig und deshalb für einen kleinen Schuldner vor Gott; sie hält sich für ungläubig und deshalb für eine große Schuldnerin. Ich bin in dein Haus gekommen, du hast mir kein Wasser zum Fußwaschen gegeben, sie benetzt mit Tränen und trocknet mit ihren Haaren meine Füße. Du hast mir keinen Kuß gegeben, sie aber küßt mir die Füße. Sie hält sich für eine große Sünderin, und deshalb wird es ihr leicht, die Menschen zu lieben. Du aber hältst dich für gerecht, und deshalb kannst du schwer lieben. Wer viel Liebe hat, dem wird alles vergeben."

(Luk. 7, 36–48.)

FRAGEN: 1. Was geschah, als Jesus beim Pharisäer speiste? 2. Was dachte sich der Pharisäer? 3. Was sagte ihm Jesus?

14. |

Ein anderes Mal durchzog Jesus Samaria. Ermüdet, setzte er sich am Brunnen nieder. Seine Jünger aber waren nach der Stadt gegangen um Brot. Da kam aus dem Dorf eine Frau Wasser zu schöpfen. Jesus bat sie um einen Trunk. Die Frau erwiderte ihm: „Ihr Juden verkehrt doch nicht mit uns Samaritern. Wie kommt es, daß du von mir zu trinken verlangst?"

Da sagte ihr Jesus: „Wenn du wüßtest, wer ich bin und was ich lehre, du würdest nicht so reden und möchtest mir zu trinken geben, ich aber würde dir das Wasser des Lebens geben."

Die Frau verstand ihn nicht und sagte: „Woher willst du irgend ein anderes Wasser haben? Hier gibt es kein Wasser außer in diesem Brunnen unseres Vaters Jakob."

Jesus erwiderte ihr: „Wer von deinem Wasser trinkt, wird wieder durstig, wer aber von meinem Wasser trinkt, der wird immer zufrieden sein und wird sogar anderen von seinem Wasser zu trinken geben."

Die Frau hatte begriffen, daß er vom Göttlichen spreche, und sagte: „Ich bin doch eine Samariterin, du aber bist ein Jude, und deshalb kannst du mich nicht lehren. Die Unsrigen beten auf diesem Berge, aber ihr, Juden, sagt, daß das Haus Gottes nur in Jerusalem sei."

Jesus sagte: – „Dem war früher so, jetzt aber ist die Zeit gekommen, wo die Menschen Gott weder auf diesem Berge noch in Jerusalem anbeten werden, sondern alle werden den göttlichen Vater im Geist und in der Wahrheit ehren. Gott ist ein Geist, und man muß Ihn im Geist und in der Wahrheit anbeten."

Die Frau verstand nicht recht, was er ihr sagte, und entgegnete: „Ich habe gehört, daß der Gesandte Gottes kommen soll, und werde uns dann alles erklären."

Jesus aber sagte: „Bewahre, Weib, was ich dir gesagt habe, und erwarte nichts mehr."

(Joh. 4, 4–26.)

Fragen: 1. Wem begegnete Jesus am Brunnen in Samaria? 3. Was sagte ihm die Frau? 3. Was sagte er zu ihr?

15. |

Jesus predigte selbst in Städten und Ortschaften und sandte außerdem seine Jünger in jene Orte, die er selbst besuchen wollte. Er sagte zu ihnen:

„Viele Menschen kennen nicht das Heil des wahren Lebens, mich dauern alle und ich möchte allen offenbaren, was ich weiß. Wie der Herr nicht allein mit seinem Feld fertig werden kann und Arbeiter zur Ernte holt, so auch ich. Gehet in allerlei

Ortschaften und verkündiget überall die Lehre vom Reich Gottes. Teilt den Menschen die Gebote des Reiches mit und ihr selbst erfüllet sie in allem.

Ich sende euch wie Schafe unter die Wölfe. Seid klug wie die Schlangen und rein wie die Tauben. Vor allen Dingen habt kein Eigentum, nehmt nichts mit: keine Reisetasche, kein Brot, kein Geld, nur ein Kleid auf dem Körper und Schuhe.

Und macht keinen Unterschied zwischen den Leuten, wählt nicht, zu welchen Hausherrn ihr einkehren sollt. Aber im erstbesten Hause, wohin ihr kommt, da bleibet. Wenn ihr in das Haus kommt, so begrüßt die Hausgenossen. Wenn sie euch empfangen, bleibet; empfangen sie euch nicht, so geht in ein anderes Haus.

Die Menschen werden euch hassen um dessenwillen, was ihr sprechen werdet, sie werden euch verfolgen und von einem Ort an den andern jagen, aber laßt euch nicht irre machen. Wenn sie euch aus einer Ortschaft vertreiben, so gehet in eine andere, und wenn sie euch auch von dort verjagen, gehet in eine dritte. Sie werden euch verfolgen, wie Wölfe die Schafe verfolgen, aber seid nicht kleinmütig. Auch vor die Gerichte werden sie euch stellen und werden euch schlagen, vor ihre Befehlshaber werden sie euch bringen, damit ihr euch vor ihnen rechtfertiget. Und wenn sie euch vor die Gerichte und Befehlshaber führen, so sorget nicht, was ihr reden sollt, sondern wisset, daß in euch der Geist des Vaters lebt, und er wird euch sagen, was ihr reden sollt.

Die Menschen können euren Leib töten. Aber euren Seelen können sie nichts antun, und deshalb fürchtet sie nicht. Fürchtet euch vielmehr vor dem, daß eure Seele mitsamt dem Leib verdirbt, wenn ihr auf die Erfüllung des Willens des Vaters verzichtet. Dieses ist, was ihr zu fürchten habt. Kein Vöglein kommt um, ohne den Willen des Vaters. Ohne Seinen Willen fällt kein Haar vom Haupte. Wenn ihr im Willen des Vaters beruht, was habt ihr da zu fürchten?"

(Luk. 10, 1–7; Matth. 10, 7–12, 26–31.)

FRAGEN: 1. Wohin und weshalb hat Jesus die Jünger gesandt? 2. Wie gebot er ihnen zu sein? 3. Wie gebot er ihnen zu wandern?

4. Wie alles zu dulden? 5. Warum haben sie nichts zu fürchten?

16. |
Die ausgesandten Jünger waren fortgegangen in einer Richtung, Jesus aber mit den übrigen Jüngern zogen in anderer Richtung in Dörfern umher. Und es geschah, daß er in ein Dorf kam. Und eine Frau, Namens Martha lud ihn zu sich ins Haus ein. Und er ging und begann zu sprechen, und Marthas Schwester Maria setzte sich ihm zu Füßen und hörte ihm zu. Martha aber war emsig beschäftigt ihn zu bewirten.

Als Martha sah, daß ihre Schwester Jesus zu Füßen saß und ihm zuhörte, trat sie hinzu und sagte: „Ich muß allein um die Bedienung sorgen, die Schwester aber sitzt und hört dir zu. Sage ihr, daß sie mir helfe bei der Arbeit."

Jesus aber sagte: „Martha, Martha! Du sorgst und mühest dich um vielerlei, aber nur Eins tut not. Und Maria hat dieses eine, was not ist und was ihr niemand wegnimmt, erwählt. Für das wahre Leben ist nicht die Nahrung des Leibes, sondern die Nahrung der Seele notwendig."

Und über dasselbe hat Jesus auch noch ein Gleichnis gesagt:

Ein Mann hatte einmal auf seinem Feld eine gute Ernte. Und er dachte bei sich: jetzt will ich meine Scheunen umbauen und eine größere bauen und darin all meine Habseligkeiten unterbringen. Und ich werde zu meiner Seele sagen: Seele, nun hast du alles in Hülle und Fülle, ruhe dich aus, iß, trink und laß dir's wohl ergehen. Gott aber sprach zu ihm: Du Tor, heute Nacht wird man deine Seele holen, und alles, was du an Vorräten gesammelt hast, wird andern zugute kommen.

So geht es einem jeden, der für das leibliche Leben sammelt und nicht für die Seele lebt.

Nur derjenige lebt ein wahres Leben, wer auf seinen Willen verzichtet und zu jeder Stunde bereit ist den Willen Gottes zu erfüllen. Wer aber um das leibliche Leben sorgt, der verdirbt das wahre Leben.

(Luk. 10, 38–42; 9, 23–25; 12, 15–21.)

FRAGEN: 1. Wie war Jesus zu Martha: gekommen? 3. Was hatte Martha gesagt? 3. Was hat Jesus geantwortet? 4. Welches Gleichnis brachte er vor?

17. |

Einmal begegnete es Jesus, daß er die Leute erzählen hörte, daß Pilatus die Galiläer töte und ein Turm zusammengestürzt sei und achtzehn Menschen erschlagen habe. Daraufhin sagte Jesus zum Volke: „Meint ihr etwa, daß diese Menschen in irgendwelcher Beziehung besonders schuldig waren? Wir alle wissen, daß diese Menschen nicht besser und nicht schlechter waren, als wir. Und das, was ihnen begegnete, kann alle Augenblicke auch uns begegnen. Wir alle können heute oder morgen ebenso sterben. Dem Tode entgehen wir nicht, und so verlohnt es sich nicht, unser leibliches Leben zu wahren. Wir wissen ja, daß es bald endet. Wahren müssen wir, was nicht stirbt – das Leben des Geistes.

Und darauf trug Jesus solches Gleichnis vor:

Es hatte jemand im Garten einen unfruchtbaren Apfelbaum. Und er sagte zum Gärtner: „Siehe, drei Jahre komme ich her, und dieser Apfelbaum trägt keine Früchte. Man muß ihn umhauen, denn er nimmt nur umsonst Platz ein." Der Gärtner aber sagte: „Warten wir noch ein wenig, Herr, ich will ihn ringsherum aufgraben, mit Dünger belegen, und wir wollen den nächsten Sommer sehen. Möglich, daß er Früchte bringt. Bringt er aber auch den nächsten Sommer keine, nun, dann hauen wir ihn um."

Ebenso ist es mit uns. So lange wir nur das Leben des Leibes leben und keine Früchte des Lebens des Geistes bringen, vernichtet uns der Herr nicht, überliefert uns nicht dem Tod, denn er erwartet von uns noch Früchte – des geistigen Lebens. Bringen wir aber niemals Früchte, so sind wir dem Untergang geweiht. Dieses zu begreifen, ist keine Weisheit nötig; das sieht jeder von selbst. Nicht nur in häuslichen Angelegenheiten, sondern auch darin, was in der ganzen Welt vor sich geht, können wir ja urteilen und wissen im vorherein Bescheid. Wenn vom Westen der Wind kommt, so sagen wir: es wird regnen, und so geschieht es.

Wenn aber der Südwind kommt, da sagen wir: es gibt schönes Wetter – und so kommt es auch. Wie kommt es aber, daß wir zwar das Wetter erkennen, daß wir aber können nicht in voraus bedenken, daß wir alle sterben und daß nicht das sterbliche Leben des Leibes, sondern das unsterbliche Leben des Geistes zu wahren sei!

(Luk. 13, 1–9; 12, 54–57.)

FRAGEN: 1. Was sagte Christus über die Galiläer und den Tod? 2. Wie lautet das Gleichnis vom Apfelbaum? 3. Wozu dient dieses Gleichnis? 4. In allem sind wir klug, was aber verstehen wir nicht?

18. |

Und ein anderes Mal sagte Jesus dem Volke ein Gleichnis darüber, mit was das menschliche Leben zu vergleichen sei. Er sprach:

„Es war ein reicher Mann und er mußte aus seinem Hause verreisen. Und er rief vor der Abreise seine Knechte zu sich und verteilte unter ihnen zehn Pfund Silber, jedem ein Pfund, und sagte: Arbeitet mit dem, was ich euch gegeben habe, bis ich wiederkomme. Er sagte so und ging. Und nachdem er fortgegangen war, wurden die Knechte frei und lebten, wie es ihnen gefiel. Als nun dieser reiche Mann zurückkehrte, rief er seine Knechte herbei und gebot ihnen zu berichten, was jeder mit seinem Silber getan habe. Es erschien der erste und sagte: Siehe, Herr, mit deinem Pfund Silber habe ich zehn Pfund verdient. Und der Herr sprach zu ihm: ‚Gut, du braver Knecht, du hast dich treu bewährt im Kleinen, ich will dir Großes anvertrauen; pflege Gemeinschaft mit mir in allem meinem Reichtum.‘

Es kam der zweite Diener und sagte: Siehe, Herr, mit deinem Pfund Silber habe ich fünf andere verdient. Und der Herr sprach zu ihm: Du hast recht gehandelt, guter Knecht, pflege auch du Gemeinschaft mit mir in allem, was ich besitze.

Auch der dritte Knecht kam und sagte: Herr, hier ist dein Pfund Silber, ich habe es in ein Tuch gewickelt und aufbewahrt, denn ich kenne dich: du bist ein strenger Mann, du nimmst, wo du nicht angelegt, und erntest, wo du nicht gesät hast, und ich fürchtete mich vor dir. Der Herr sagte: du törichter Knecht, mit deinen Worten will ich dich richten. Du sagst, aus Furcht vor mir hättest du mein Silber bei dir aufbewahrt und nicht damit gearbeitet? Da du gewußt hast, daß ich streng bin und auch dort nehme, wo ich nichts angelegt habe, warum also hast du nicht so getan, wie ich dir befohlen hatte? Wenn du mit meinem Silber gearbeitet hättest, wäre das Vermögen gewachsen und du hättest erfüllt, was ich dir anbefahl. Jetzt aber hast du das nicht erfüllt, wessenhalber ich dir das Silber gab, und deshalb sollst du auch dieses nicht besitzen.

Und der Herr befahl das Silber wegzunehmen dem, der damit nicht gearbeitet und demjenigen zu geben, wer mehr verdient hatte. Da sagten die Diener zum Herrn: Herr, die haben ohnehin schon viel. Der Herr aber sagte: gebt denen, die viel gearbeitet haben, weil demjenigen, der viel arbeitete, noch mehr gegeben wird, demjenigen aber, der nicht sorgsam ist, auch das Letzte genommen wird.[„]

So ist auch das Leben der Menschen, sagte Jesus. Der reiche Mann das ist der Vater. Seine Knechte das sind die Menschen. Das Silber ist der Geist Gottes in den Menschen. Wie der Herr nicht selbst mit seinem Gut arbeitet, sondern die Diener arbeiten heißt, jedem, was ihm auferlegt ist, so gab auch der himmlische Vater Seinen Geist den Menschen, auf daß sie ihn wachsen lassen in sich, auf daß sie mit dem arbeiten, was ihnen gegeben war. Und die vernünftigen Menschen begreifen, daß ihnen das Leben des Geistes gegeben ward, auf daß sie dem Willen des Vaters dienen und sie lassen in sich das Leben des Geistes wachsen und werden Teil haben am Leben des Vaters. Aber die Unvernünftigen tun wie die törichten Knechte, sie fürchten ihr leibliches Leben zu verlieren und erfüllen nur den eigenen Willen, nicht aber den Willen des Vaters, und so berauben sie sich des wahren Lebens.

Solche Menschen verlieren das, was das Wertvollste ist – das Leben des Geistes. Und deshalb gibt es keinen verderblichern

Irrtum unter den Menschen, als den, sein Leben im Leib zu suchen, und nicht im Geist. Man muß in Gemeinschaft sein mit dem Geiste des Lebens. Wer nicht eins ist mit ihm, der ist gegen ihn. Man muß dem Geist des Lebens dienen, und nicht seinem Körper.

(Luk.19, 11–26; Matth. 25, 14–30; Luk. 11, 23.)

FRAGEN: 1. Was hat in dem Gleichnis der Herr getan, als er fortreiste, und was haben in seiner Abwesenheit die Knechte getan? 2. Was tat der Herr, nachdem er zurückkehrte? 3. Mit was ist das menschliche Leben zu vergleichen? 4. Wer ist der Herr, wer sind die Diener? 5. Was tun manche Menschen und was geschieht mit ihnen?

19. I

Einmal brachten sie Kinder zu Jesus. Die Jünger wollten sie entfernen. Jesus bemerkte dies und sagte: Warum vertreibt ihr die Kinder? Man soll die Kinder nicht vertreiben, sondern belehren soll man sie, weil sie dem Reiche Gottes näher sind, als die Erwachsenen. Nicht verjagen soll man die Kinder, sondern dafür sorgen, daß man sie nicht in Versuchung führe.

Die Versuchungen verderben die Menschen dadurch, daß sie sie unter dem Schein des Guten und Annehmlichen zu den verwerflichsten Dingen verleiten. Sobald der Mensch der Versuchung nachgibt, verdirbt er Leib und Seele. Deshalb ist es besser am Leibe geschädigt zu werden, als der Versuchung anheimfallen. Wie der Fuchs, der in die Falle geraten, sich lieber die Pfote abbeißt, um sein Leben zu retten, so ist es für Jedermann besser am Körper Schaden zu erleiden, als sich der Versuchung ergeben. Besser, daß Hand, Fuß, ja der ganze Leib zu Grunde gehe, als daß man das Böse lieb gewinne und sich daran gewöhne. Wehe der Welt um der Versuchungen willen! Durch die Versuchungen kommt das Böse in die Welt.

(Matth. 19, 13. 14; 18, 2–9; Luk. 18, 17.)

FRAGEN: 1. Was sagte Jesus den Jüngern, als sie die Kinder fortjagten? 2. Vor was muß man die Kinder beschützen? 3. Woher kommt das größte Übel der Welt? 4. Was sind Versuchungen? 5. Wie soll man sich vor ihnen bewahren?

20. |

Und noch sagte Jesus, daß die schädlichste aller Versuchungen die des Zornes sei. Der Mensch zürnt seinem Bruder wegen seiner Sünden und glaubt, daß er durch diesen seinen Zorn den Bruder bessern kann, vergißt aber, daß Niemand der Richter seines Bruders sein kann, weil jeder von uns voller Sünden ist; und daß man vor dem Bruder sich selbst zu bessern hat. Wir aber sehen den Splitter im Auge des Bruders, den Balken aber in unserem eigenen bemerken wir nicht. Darum, wenn du meinst, daß dein Bruder böse gehandelt, so geh zu ihm, wähle solche Zeit und solchen Ort, daß du unter vier Augen mit ihm sprechen kannst, und dann sage ihm, was du gegen ihn hast. Wenn er dir Gehör schenkt, so wird er, statt dir ein Feind zu sein, zu deinem Freunde werden. Wenn er dich aber nicht hört, so habe Mitleid mit ihm und pflege keinen Umgang weiter mit ihm.

Da frug einer der Jünger: Und wenn er mich nicht hört und mich wiederum beleidigt? Soll ich ihm wiederum verzeihen? Wenn er mich aber immer wieder beleidigt, zum dritten, zum vierten und zum siebenten Mal, soll ich ihm etwa allemal verzeihen?

Und Jesus sprach: Nicht nur siebenmal, sondern siebzigmalsiebenmal, ohne Ende soll man verzeihen. Ebenso wie Gott uns alle unsere Sünden verzeiht, wenn wir sie bereuen, so sollen auch wir ohne Ende unsern Brüdern verzeihen.

(Matth. 7, 1–5; 18, 15–22.)

Fragen: 1. Welches ist die verderblichste Versuchung? 2·Worin besteht diese Versuchung? 3. Wie soll man vorgehen, wenn man dafür hält, daß der Bruder uns Böses zugefügt hat? 4. Wie oft soll man verzeihen?

21. |

Und noch sagte Jesus hierüber ein Gleichnis. Er sprach:

Ein reicher Mann begann die Abrechnung mit seinen Schuldnern. Und man führte ihm einen Schuldner vor, der ihm tausend Goldstücke schuldig war. Und er konnte das nicht bezahlen. Der Reiche konnte dafür dem Schuldner seine Habseligkeiten und Frau und Kinder und ihn selbst verkaufen. Aber der Schuldner bat den reichen Mann um Gnade. Und der Reiche hatte Mitleid mit ihm und erließ ihm die ganze Schuld. Und nun kam zu diesem selben Mann sein Schuldner, ein armer Mensch, und bat ihn, er möge ihm seine Schuld erlassen. Der Begnadigte aber hatte kein Mitleid mit seinem Schuldner und forderte sofort die Begleichung der gesamten Schuld. Und der arme Mann mochte bitten und flehen, der begnadigte Schuldner erließ ihm seine Schuld nicht und ließ den armen Mann ins Gefängnis stecken. Das sahen die Leute und sie gingen zum reichen Mann und erzählten ihm, was dieser Mensch getan hatte. Da ließ der Reiche den Schuldner holen und sagte zu ihm: Ich habe dir die ganze Schuld erlassen, denn du hast mich mit deinen Bitten erweicht. Auch du mußtest mit deinem Schuldner Mitleid haben deshalb, weil ich mit dir Mitleid hatte. Was aber hast du getan? Und der Reiche verklagte seinen Schuldner vor Gericht.

Dasselbe geschieht auch mit uns, wenn wir allen denen, die uns gegenüber schuldig sind, nicht von ganzem Herzen vergeben. Jeder Streit mit dem Bruder lähmt uns und entfernt uns vom Vater. Deshalb müssen wir, damit wir uns von Gott nicht entfernen, unsern Brüdern verzeihen und in Frieden und Liebe mit ihnen leben.

(Matth. 18, 28–35, 18, 19.)

FRAGEN: 1. Wie lautet das Gleichnis vom Herrn und seinem Schuldner? 2. Was hat es zu bedeuten? 3. Weshalb muß man alle Zwistigkeiten ersticken?

22. |

Und es kamen einmal zu Jesus die Pharisäer und begannen ihn

zu befragen, ob es einem Manne erlaubt sei, seine Frau zu verlassen und eine andere zu nehmen. Jesus antwortete ihnen darauf:

„Ihr wißt, daß Kinder nur von *einem* Vater und einer Mutter geboren werden können. So ist das eingerichtet von Gott. Und deshalb darf der Mensch nicht verletzen, was Gott eingerichtet hat. Verletzt aber der Mensch, was Gott eingerichtet hat, verläßt er seine Frau und kommt zusammen mit einer anderen, so tut er ein dreifaches Übel – sich, der Frau und andern Leuten. Sich verursacht er ein Übel dadurch, daß er sich an die Unzucht gewöhnt. Der Frau verursacht er ein Übel, indem er sie verlassend zur Sünde antreibt. Anderen Leuten tut er ein Übel, weil er ihnen zum Ärgernis dient, indem er ein Beispiel des Ehebruches gibt."

Und die Jüngers sagten zu Jesus: „Es ist gar schwer mit *einer* Frau zu leben. Muß man so bis zum Tod mit *einer* Frau leben, dann ist es besser, gar nicht zu heiraten."

Und Jesus entgegnete ihnen darauf: „Man kann auch ohne Heiraten sein; wenn aber jemand ohne Frau leben will, so muß er völlig rein sein und gar nicht an die Frauen denken. Es ist gut, wenn einer so das ganze Leben verbringen kann, wer das aber nicht vermag, der soll heiraten und bis zum Tode mit einer Frau leben und andere Frauen nicht versuchen."

(Matth. 19, 3–12.)

FRAGEN: 1. Worin besteht die Versuchung durch das Weib? 2. Warum darf man keine anderen Frauen wählen? 3. Worin besteht das Übel, wenn sich der Mensch von seiner Frau scheidet? 4. Was haben die Jünger auf die Worte Jesu gesagt? 5. Und was hat ihnen Jesus darauf geantwortet?

23. |

Einmal traten die Einnehmer der Tempelsteuer an Petrus heran und fragten ihn: „Zahlt euer Meister nicht, was sich gebührt?" Petrus sagte, er würde zahlen! Nachdem Jesus dies vernommen hatte, sagte er zu Petrus: „Was meinst du, Petrus, von wem nimmt der König Steuern, – von seinen Söhnen oder von Fremden?" Petrus sagte: „Von den Fremden?" – „Nun denn, wenn wir Söhne Gottes sind, so brauchen wir keine Steuern zu zahlen. Damit wir jedoch bei ihnen keinen Anstoß erregen, so gib ihnen, jedoch nicht deshalb, als ob wir verpflichtet wären zu zahlen, sondern nur deswegen, um sie nicht zur Sünde anzuregen."

Ein anderes Mal kamen die Pharisäer mit den königlichen Beamten zusammen und sie traten an Jesus heran, um ihn mit Worten zu fangen, ob er die Verpflichtungen gegenüber dem König erkenne. Sie sagten zu ihm: „Wohlan, du lehrst nun alles der Wahrheit gemäß, sage uns, sind wir verpflichtet, dem Kaiser Steuern zu zahlen oder nicht?" Jesus sagte ihnen: „Zeigt mir, womit ihr dem Kaiser Steuern zahlt?" Sie reichten ihm eine Geldmünze. Auf der Münze war das Bildnis des Kaisers. Jesus wies auf dieses Bildnis und sagte: „Gebt dem Kaiser, was des Kaisers ist, nur das Göttliche, eure Seele, gebt niemandem außer Gott. Geld, Vermögen, eure Arbeit, alles gebt dem, der es von euch verlangen wird, für niemanden aber verrichtet das, was dem Gesetz Gottes zuwiderläuft.

(Matth. 17, 24–27; 22,15–22.)

FRAGEN: 1. Wie erbaten sie von Jesus die Tempelsteuer? 2. Was sagte er? 3. Wie versuchten ihn die Pharisäer betreffs der Steuern an den Kaiser und was hat er ihnen gesagt?

24. |

Es traf sich einmal, daß die Jünger Jesu in ein Dorf kamen und um ein Nachtlager baten. Niemand aber wollte sie aufnehmen. Die Jünger kamen zu Jesus und berichteten ihm das und sagten: „Solche schlechte Menschen sind wert, daß sie der Blitz dafür erschlage."

Da ward Jesus betrübt und sagte: „Noch immer begreift ihr nicht, welchen Geistes ihr seid. Ich lehre euch, nicht wie man die Menschen umbringen, sondern wie man sie erretten solle. Wie kann man dem Nächsten übelwollen? In jedem Menschen lebt derselbe Geist Gottes wie in euch, und deshalb dürft ihr nicht übel wollen dem, was in euch selbst lebt."

Ein anderes Mal brachten die Schriftgelehrten und Pharisäer eine Frau zu Jesus, die beim Ehebruch ertappt war, stellten sie vor ihn hin und sagten: „Meister, diese Frau wurde beim Ehebruch ertappt, nach dem Gesetz Moses aber sollen solche gesteinigt werden. Was sagst du dazu?"

Das sagten sie, um ihn zu versuchen. Wenn er gesagt hätte, man müsse die Frau steinigen, so wäre das ein Widerspruch gewesen mit seiner Lehre von der Liebe zu allen; hätte er aber gesagt, man dürfe das nicht tun, so hätte er gegen das Gesetz Moses gesprochen. Aber Jesus antwortete ihnen nichts, sondern beugte sich nur tief nieder und schrieb mit dem Finger auf den Boden.

Sie stellten ihm noch einmal dieselbe Frage. Da erhob er sein Haupt und sprach zu ihnen: „Ihr sagt, man müsse sie nach dem Gesetz steinigen, – tut denn so, nur aber soll der den ersten Stein auf sie werfen, der ohne Sünde ist." Und nachdem er das gesagt hatte, beugte er sich wiederum nieder und wiederum schrieb er mit dem Finger auf den Boden. Ihre Ankläger begannen einer nach dem andern davonzuschleichen, nur Jesus allein blieb zurück mit der Frau.

Und Jesus erhob sein Haupt, und niemanden außer der Frau erblickend, sagte er zu ihr: „Nun denn, keiner hat dich verurteilt?" Sie sagte: „Keiner, Herr!" – „Also auch ich verurteile dich nicht," sagte Jesus. „Gehe hin, und von nun an sündige nicht mehr."

(Luk. 9, 52–56; Joh. 8, 3–11.)

FRAGEN: 1. Was haben die Jünger über die gesagt, die sie nicht beherbergen wollten? 2. Was sagte Jesus? 3. Wie wurde eine Frau zu Jesus gebracht? 4. Was sagte er zu den Pharisäern? 5. Was sagte er der Frau?

25. |

Jesus lehrte die Menschen, daß sie alle die Kinder Eines Vaters seien und das ganze Gesetz in der Liebe zu Gott und dem Nächsten bestehe.

Und einer der Schriftgelehrten, der das wußte, wollte Jesus

mit Worten fangen und ihm zeigen, daß nicht alle Menschen gleich seien und daß Menschen verschiedener Nationen nicht die gleichen Söhne Gottes sein können. Er frug Jesus:

„Du lehrst, man müsse den Nächsten lieben. Wer aber ist mein Nächster?"

Jesus antwortete ihm darauf mit einem Gleichnis.

Er sagte:

„Es war einmal ein reicher Jude. Und es ereignete sich, daß er auf dem Rückweg nach Hause von Räubern überfallen wurde, die ihn mißhandelten, beraubten und halbtot auf der Straße liegen ließen. Ein jüdischer Priester kam den Weg daher und sah den beinahe totgeschlagenen Mann, hielt aber nicht an und ging vorüber. Es kam nach ein anderer Jude, ein Levit, da vorbei, und auch er sah den Zerschlagenen, und auch er ging ebenfalls vorüber. Da kam ein Mann eines fremden Volkes, ein Samariter, denselben Weg daher. Und als dieser Samariter den verwundeten Juden sah, dachte er gar nicht daran, daß die Juden die Samariter nicht als ihre Nächsten betrachten, sondern für Fremde und Feinde ansehen, und er empfand Mitleid mit dem Juden, hob ihn auf sein Maultier und brachte ihn in ein Gasthaus, wusch und verband seine Wunden, bezahlte dem Gastwirt für ihn und reiste erst dann fort, als der Verwundete seiner nicht mehr bedürftig war."

„Du fragst, wer der Nächste sei?" sagte Jesus. „Wer Liebe in sich hat, der betrachtet jeden Menschen als seinen Nächsten, einerlei, welchen Volkes er sei."

(Luk. 10, 25–37.)

FRAGEN: 1. Wie wollte der Schriftgelehrte Jesus mit Worten fangen? 2. Wer ist unser Nächster?

26. |

Und die Lehre Christi verbreitete sich immer mehr. Und immer mehr wurden die Pharisäer gegen ihn erbost. Sie sagten zum Volke: „Höret nicht auf ihn. Er betrügt euch. Wollte man nach seinen Geboten leben, so gebe es der Übel mehr als jetzt."

Jesus hörte das und er sagte zu ihnen:

„Ihr sagt, daß wenn ich die Menschen lehre, nicht nach Reichtum zu streben, sondern arm zu sein, nicht zu zürnen, nicht Auge um Auge und Zahn um Zahn zu vergelten, sonders alles zu dulden und alle zu lieben, so vertreibe ich Böses durch Böses. Ihr sagt, daß wenn die Menschen meine Lehre befolgen, würde ihr Leben schlechter, als es früher war. Ihr sagt, daß statt des früheren Übels ein neues Übel kommen werde. Das aber ist nicht wahr. Nicht ich setze ein Übel für ein anderes, sondern ihr seid es, die ihr Böses durch Böses vertreibt. Ihr vertreibt das Böse durch Drohungen, Todesstrafen, Verwünschungen und Mordtaten, aber das Böse wird dennoch nicht vernichtet. Es kann auch nicht vernichtet werden, weil keine Macht sich selbst vernichten kann. Ich aber vertreibe das Böse nicht mit Bösem, wie ihr. Ich vertreibe das Böse durch Gutes. Ich vertreibe das Böse dadurch, daß ich die Menschen ermahne, Gebote zu erfüllen, die sie von allem Übel befreien."

(Matth. 12, 24–28.)

FRAGEN: 1. Was sagten die Pharisäer von der Lehre Christi? 2. Was sagte ihnen Jesus von ihrer Lehre? 3. Was sagte Jesus von seiner Lehre?

27. |

Einmal kamen seine Mutter und seine Brüder zu Jesus, konnten aber nicht an ihn herankommen, weil ihn eine große Volksmenge umgab. Aber einer wurde ihrer gewahr, trat zu Jesus heran und sagte: „Deine Angehörigen, Mutter und Brüder, stehen draußen und wollen dich sehen."

Da sagte Jesus: „Meine Mutter und meine Brüder sind diejenigen, die den Willen des Vaters kennen und ihn erfüllen."

„Jedem soll der Wille des Vaters wichtiger sein als Vater und Mutter und Frau und Kinder und Bruder und Schwestern und all sein Hab und Gut und selbst das leibliche Leben.

Berechnet doch in weltlichen Dingen jeder vernünftige Mensch, bevor er etwas beginnt, ob das vorteilhaft sei, was er tut, und wenn es vorteilhaft ist, tut er es, ist es aber nachteilig, so gibt er es auf. Wenn jemand ein Haus bauen will, so setzt er sich vorher hin und berechnet: wieviel Geld notwendig sei, wieviel er besitzt und ob er die Sache zu Ende führen kann, damit nicht geschieht, daß er den Bau begonnen, aber nicht zu Ende geführt und Kräfte und Zeit vergebens verschwendet hat. Und jeder König, der Krieg führen will, überlegt vorerst, ob er mit 10.000 Mann gegen 200.000 ziehen kann. Er berechnet, und wenn er es nicht kann, so schickt er eine Gesandtschaft und schließt Frieden und führt keinen Krieg mehr.

Ebenso muß auch jedermann begreifen, daß all das, was er sein eigen nennt, Familie, Vermögen und selbst sein leibliches Leben, heut oder morgen ihm genommen wird. Und daß das Einzige, das ihm niemals genommen wird, das geistige Leben ist, und daß er nur um sein geistiges Leben zu sorgen hat und sorgen soll.[„]

Ein Mann, der dieses hörte, sagte: „Gut, wenn es ein geistiges Leben gibt. Wenn wir aber alles hingeben und es ein solches Leben nicht gibt?"

Daraufhin sagte Jesus: „Jeder Mensch weiß, daß es ein Leben des Geistes gibt und daß dieses allein nicht stirbt. Ihr alle wißt das, tut aber nicht, was ihr wißt, nicht deshalb, als zweifeltet ihr, sondern weil ihr euch durch falsche Sorgen vom wahren Leben ablenkt."

Und er trug diesbezüglich ein Gleichnis vor:

Ein Mann bereitete ein Festmahl und sandte die Knechte aus, Gäste einzuladen, die Gäste aber weigerten sich zu kommen. Der eine sagte: Ich habe einen Acker gekauft und muß ihn besichtigen. Ein anderer sagte: Ich habe Ochsen gekauft und muß pflügen gehen. Ein dritter sagte: Ich habe geheiratet und feiere die Hochzeit. Und die Knechte berichteten dem Herrn, daß keiner komme. Da sandte der Herr, Arme einzuladen. Die Armen schlugen die Einladungen nicht aus und kamen und schmausten beim Mahl.

So auch die Menschen, sie kennen das geistige Leben nur dann, wenn sie keine Sorgen um den Körper haben.

(Luk. 8, 19–21; Matth. 12, 46·–50; Luk. 14, 26–33, 15–24.)

FRAGEN: 1. Was sagte Jesus, als seine Mutter und Brüder zu ihm gekommen waren? 2. Was ist wichtiger, das geistige oder das leibliche Leben? 3. Was sagte ein Mensch vom geistigen Leben und was antwortete ihm Jesus? 4. Was lenkt die Menschen vom geistigen Leben ab? 5. Wie lautet das Gleichnis vom Festmahl?

28. |

Einmal näherte sich Jesus ein Mann, fiel vor ihm auf die Knie und sagte: „Guter Meister, sag mir, was ich tun soll, um das ewige Leben zu erlangen?"

Jesus sagte: „Warum nennst du mich gut? Niemand ist gut, außer Gott allein. Du kennst die Gebote, handle danach."

Der Mann aber sagte: „Der Gebote gibt es viele, welche denn?" Jesus sagte: „Du sollst nicht töten, nicht Unzucht treiben, nicht lügen, nicht stehlen, niemanden etwas zu leide tun, Vater und Mutter ehren."

Der aber sprach: „Diese Gebote habe ich gehalten von meiner Jugend an."

Jesus sah ihn an, gewann ihn lieb und sagte: „Eins mangelt dir: gehe hin, verkaufe alles, was du hast, und gib es den Armen."

Da wurde der Mann bestürzt und entfernte sich schweigend, denn er hatte ein großes Vermögen.

Und Jesus sagte zu seinen Jüngern: „Nun seht ihr, wie schwer es für den Reichen ist in das Reich Gottes einzugehen." Die Jünger erschraken über diese Worte, Jesus aber wiederholte noch einmal, indem er sagte: „Ja, Kinder, schwer ist es, schwer, dem Reichen ins Reich Gottes einzugehen. Eher geht ein Seil durch ein Nadelöhr, als daß ein Reicher in das Reich Gottes eingeht." Und sie erschraken noch mehr und sagten untereinander: „Wenn man nichts hat, wie kann man da leben, man muß erfrieren und Hungers sterben."

Christus sagte: „Dieses scheint nur schrecklich für den leiblichen Menschen, für den geistigen Menschen ist es aber leicht. Wer daran glaubt und es erprobt, der erkennt, daß es wahr ist."

(Mark. 10, 17–27.)

FRAGEN: 1. Worüber befragte ein reicher Mann Jesus? 2. Was antwortete ihm Jesus? 3. Was haben die Jünger gesagt? 4. Was sagte Jesus?

29. |

Und noch dieses sagte Jesus: „Man kann nicht gleichzeitig zweien Herren dienen: Gott und dem Reichtum, dem Willen Gottes und dem eigenen Willen. Eins von beiden muß man wählen: dem einen dienen oder dem anderen."

Und die Pharisäer hörten das – sie liebten den Reichtum und lachten über diese Worte Jesu. Und Jesus sagte zu ihnen: „Ihr meint, daß weil euch die Menschen um des Reichtums willen ehren, daß ihr auch wirklich verehrungswürdig seid. Nein, Gott schaut nicht darauf, was außen ist, er schaut auf das Herz. Was hoch ist unter den Menschen, das ist vor Gott ein Greuel. In das Reich Gottes gelangen nicht die Reichen, sondern die Armen."

Jesus wußte, daß die Pharisäer glauben, daß nach dem Tod die einen in die Hölle kommen, die anderen in das Paradies, und er trug ihnen vom Reichtum solches Gleichnis vor. Er sagte:

Es war ein Mann, der sehr reich war; er fuhr tagtäglich aus, kleidete sich prachtvoll und führte ein fröhliches Leben. Und in demselben Orte lebte auch ein armer mit Wunden bedeckter Mann, Namens Lazarus. Lazarus pflegte in den Hof des Reichen zu kommen in der Hoffnung auf die Überbleibsel vom Tisch des Reichen; aber auch kaum Überbleibsel wurden dem Lazarus zu Teil, weil die Hunde des Reichen alles fraßen und noch Lazarus die Geschwüre leckten. Nun starben aber beide: Lazarus und auch der Reiche. Da erblickte der Reiche, der in der Hölle war, von ferne Abraham, und siehe, der grindige Lazarus saß an seiner Seite. Der Reiche rief: Vater Abraham, ich wage nicht, dich zu belästigen, aber ich sehe, daß an deiner Seite der grindige Lazarus sitzt, derselbe, der sich neben meinem Zaun wälzte. Nun so schicke mir ihn, er möge seinen Finger ins Wasser tauchen und mir die Lippen kühlen, denn ich vergehe in dieser Glut. Abraham aber sagte: Warum soll ich Lazarus zu dir ins Feuer schicken? Du hast in jener Welt alles gehabt, was du gewünscht, Lazarus aber hat nur Leid erfahren. Ja, auch wenn ich es wollte, kann ich dir nicht zu Gefallen sein: Es gibt keine Gemeinschaft zwischen euch und uns. Darauf sagte der Reiche: „Dann schicke also, Vater Abraham, Lazarus zu mir ins Haus. Ich habe fünf Brüder dort gelassen, und es tut mir Leid um sie. Er möge ihnen sagen, was der Reichtum bewirkt, damit sie nicht auch in dieselbe Qual geraten, wie ich." Abraham aber sagte: „Sie wissen das ohnehin. Das haben auch Moses und alle Propheten gesagt." Aber der Reiche sagte: „Es wäre immerhin besser, wenn einer von den Toten auferstände und zu ihnen käme – sie würden sich eher besinnen." Abraham aber sagte: „Wenn sie Moses und die Propheten nicht hören, dann werden sie auch einen Toten, der aufersteht, nicht hören."

(Luk. 16, 13. 15. 19–31.)

FRAGEN: 1. Was sagte Jesus? 2. Was entgegnete Jesus auf das Gespött der Pharisäer? 3. Wie lautet das Gleichnis vom Reichen und Lazarus?

30. |

Darauf ging Jesus nach Galiläa und lebte dort mit seinen Familienangehörigen. Und als das jüdische Laubhüttenfest herankam, da machten sich die Brüder Jesu bereit, zum Fest zu gehen, und sie baten auch Jesus mitzukommen. Sie glaubten nicht an seine Lehre und sagten zu ihm: – „Du sagst, daß der jüdische Gottesdienst unrichtig sei, und daß du den wahren Gottesdienst nur in den Taten anerkennst. Falls du wirklich der Meinung bist, zu wissen, was niemand außer dir weiß, dann komm mit zum Fest, dort wird viel Volk beisammen sein, dort kannst du öffentlich deine Lehre kund tun. Wenn dir alle glauben werden, dann werden auch deine Jünger sehen, daß du recht hast. Wozu sich sonst verbergen? Du sagst, daß unser Gottesdienst falsch sei, daß dir der wahre bekannt sei, nun so zeige dich vor Allen."

Und Jesus sagte ihnen: „Jedes Ding hat seine Zeit. Ich werde gehen, sobald meine Zeit kommt." Und seine Brüder gingen, er aber blieb.

Und beim Fest war viel Volk beisammen, und sie stritten untereinander über Christi Lehre. Die einen sagten, seine Lehre sei wahr, die anderen aber meinten, er wiegle nur das Volk auf. Als man schon mitten im Fest war, kam auch Jesus nach Jerusalem und ging in den Tempel hinauf. In der Vorhalle des Tempels stand das Vieh – Kühe, Ochsen, Schafe, Käfige waren da mit Tauben, und in ihren Buden saßen die Geldwechsler. Alles das war notwendig, um Gott Opfer darzubringen. Und nachdem Jesus in den Tempel gekommen war und daselbst viel Volk versammelt sah, trieb er zuerst das Vieh aus dem Tempel hinaus, ließ alle Tauben frei und schüttete den Wechslern alles Geld aus. Dann aber sagte er zu allen:

Der Prophet Jesajas sagte: „Das Haus Gottes ist nicht der Tempel in Jerusalem, sondern die ganze Welt der Menschen Gottes." Und der Prophet Jeremia sagte: „Glaubt nicht an die falschen Worte, als ob hier das Haus des Ewigen sei, glaubt dem nicht, sondern ändert euer Leben und richtet nicht unwahr, bedrückt nicht den Fremdling, die Witwe, die Waisen, vergießt kein unschuldiges Blut, und kommt nicht in das Haus Gottes und sagt nicht: nun können wir ruhig Böses tun. Macht mein Haus nicht zu einer Räuberhöhle. Ich, euer Gott, habe keine Freude an euren Opfern, sondern freue mich eurer gegenseitigen Liebe." „Verstehet, was die Worte des Propheten heißen. Der lebendige Tempel – das ist die ganze Menschenwelt, wenn sie einander lieben. Gott soll man dienen nicht im Tempel, sondern durch das Leben im Geist und durch gute Taten."

Alle hörten zu und wunderten sich über seine Reden und fragten einer den andern, woher er alles das wissen mag, da er doch nicht studiert hatte. Und Jesus, der hörte, daß sie sich über seine Reden wunderten, sagte: „Meine Lehre ist nicht von mir, sondern von Dem, der mich gesandt hat, denn wenn einer etwas aus sich selbst ersinnt, so sucht er Ruhm bei den Menschen, wer aber dasjenige sucht, was Der will, der ihn gesandt hatte, der ist gerecht, und es gibt keine Unwahrheit in ihm. Ich lehre euch nur den Willen Gottes zu erfüllen. Wenn ihr diesen Willen zu erfüllen beginnt, so werdet ihr erkennen, daß nicht ich ersonnen habe, was ich rede, sondern daß diese Lehre von Gott kommt."

Und viele sagten: „Man sagt, daß er ein falscher Prophet sei, aber er spricht doch öffentlich vor Allen und niemand erwidert ihm etwas. Nur aus einem Grund kann man nicht glauben, daß er der Messias, der Gesandte Gottes sei. Die Schrift sagt nämlich, daß wenn der Gesandte Gottes komme, niemand wissen werde, woher er stamme, ihn aber kennen wir sowie auch seine ganze Verwandtschaft.

Da sagte Jesus zu ihnen: „Ihr kennt mich und ihr wißt, woher ich dem Leibe nach abstamme, ihr wißt aber nicht, woher ich dem Geiste nach abstamme. Ihr kennt nicht meinen Ursprung dem Geiste nach, ihn aber allein muß man kennen. Würde man euch sagen, daß ich der Messias bin, so würdet ihr mir, dem Menschen, glauben, ihr glaubt aber nicht dem Vater, der sowohl in mir als auch in euch ist. Dem Vater allein aber muß man glauben."

(Joh. 7, 1–29; 2, 13–16; Matth. 21, 13; 12, 7).

FRAGEN: 1. Was haben die Brüder zu Jesus gesagt? 2. Was hat er geantwortet? 3. Was sprachen sie beim Fest von der Lehre Jesu? 4. Was tat er im Tempel? 5. Was redete er? 6. Was sprach das Volk? 7. Was antwortete ihnen Jesus?

31. |

Viele aus dem Volke, die alles dies sahen und ihn hörten, sagten: „Er ist wahrhaftig ein Prophet." Andere wieder sagten: „Das ist der Messias." Manche aber sagten: „Kann denn der Messias aus Galiläa kommen? In der Schrift heißt es, daß der Messias aus der Nachkommenschaft Davids, aus Bethlehem, aus demselben Ort, woher David stammte, kommen soll. Und es entstand ein Streit seinetwegen und es erhob sich eine Aufregung im Volke.

Da sandten die Hohenpriester Diener, ihn zu fangen, aber die

Diener wagten ihn nicht anzufassen. Und als sie zu den Hohenpriestern und Pharisäern zurückkamen, sagten die Pharisäer zu ihnen: „Warum habt ihr ihn denn nicht gebracht?" Die Diener antworteten: „Noch nie hat ein Mensch so gesprochen, wie dieser spricht." Die Pharisäer sagten ihnen: „Habt ihr euch etwa auch verlocken lassen? Hat denn jemand von den Obersten oder den Pharisäern an ihn geglaubt? Nur dieses verfluchte Volk. Das Volk aber ist unwissend im Gesetz."

Und sie gingen auseinander, jeder nach Hause.

Jesus aber ging nach dem Ölberg und übernachtete da mit seinen Jüngern, am Morgen aber ging er wiederum in den Tempel und wiederum versammelte sich viel Volk ihn zu hören. Und wiederum lehrte er sie. Er sagte: „Meine Lehre ist das Licht der Welt. Wer sie annimmt, der wird nicht in Finsternis wandeln, sondern er wird klar sehen, was gut und böse sei. Ich lehre das, was jeden Menschen mein Vater, der Geist, der mich gesandt hat, lehrt.

Sie sagten: „Wo ist dein Vater?"

Er antwortete: „Wenn ihr mich kenntet, so würdet ihr auch meinen Vater kennen."

Und sie sagten zu ihm: „Wer bist du denn?"

Er sagte: „Ich bin jener Geist, der keinen Anfang hatte und kein Ende haben wird. Ich bin ein Menschensohn, als meinen Vater aber erkenne ich den Geist Gottes. Wenn ihr in euch den Menschensohn erhöhen werdet, dann werdet ihr erkennen, wer ich bin und werdet begreifen, daß ich nichts aus mir selber tue noch rede, sondern nur das tue und rede, was mich der Vater gelehrt hat.

(Joh. 7, 40–49. 53; 8, 12–29.)

FRAGEN: 1. Was redete man über Jesus im Volke? 2. Was redeten die Pharisäer? 3. Was sprach Jesus, als er nach Jerusalem zurückkehrte? 4. Was antwortete Jesus auf die Frage: Wo ist dein Vater? 5. Was antwortete Jesus auf die Frage: Wer er selbst sei?

32. |

Da umringten ihn die Juden und sagten: „Alles, was du redest, ist schwer zu begreifen und stimmt nicht mit der Schrift überein. Quäle uns nicht, sondern sage uns offen, ab du der Messias bist, der unserer Schrift nach in die Welt zu kommen hat?"

Und Jesus antwortete ihnen: „Ich habe euch schon gesagt, wer ich bin, ihr aber glaubt es nicht. Tut also das, was ich sage, dann werdet ihr verstehen, wer ich bin und wozu ich gekommen bin.

Wer mir folgt und tut, was ich sage, wer meine Lehre begreift und sie erfüllt, der ist mit mir und mit dem Vater.

Ich und der Vater sind eins."

Und die Juden fühlten sich beleidigt durch diese Worte und griffen nach Steinen, um ihn zu töten.

Und Jesus fragte sie: „Weshalb wollt ihr mich töten?"

Sie sagten: „Wir wollen dich töten, weil du, ein Mensch, dich für Gott ausgibst."

Und Jesus sagte zu ihnen: „Ich habe gesagt, ich bin Gottes Sohn und vereinige mich mit dem Vater, indem ich Seinen Willen erfülle. Wer sich als Sohn Gottes erkennt, der hört auf Knecht zu sein, und erlangt das ewige Leben. Und wie der Knecht nicht für immer im Hause des Herrn bleibt, der Sohn aber für immer, so auch der Mensch, wenn er im Geiste lebt. Er vereinigt sich mit dem Vater und lebt ewig.

Wahrlich, ich sage euch: Wer in meinem Worte verharrt, der wird in Ewigkeit den Tod nicht sehen."

Da sagten die Juden zu ihm: „Nun wissen wir, daß du besessen bist. Abraham und die Propheten sind gestorben, du aber sagst, daß wer dein Wort bewahrt, den Tod in Ewigkeit nicht sieht. Bist du etwa mehr als unser Vater Abraham? Abraham ist gestorben, die Propheten sind ebenfalls gestorben, wer aber dein Wort bewahrt, der wird nicht sterben."

Jesus sagte: „Wahrlich, wahrlich, ich sage euch, noch bevor Abraham ward, war ich."

Jesus sprach da über den Geist Gottes, welcher in ihm lebte und in jedem Menschen lebt, und welcher weder Anfang hat noch Ende. Sie aber verstanden das nicht.

Die Juden wußten nicht, was sie mit ihm tun sollten und konnten ihn nicht verurteilen. Und er ging wiederum jenseits des Jordans nach Bethanien und verblieb daselbst.

(Joh. 10, 24–38; 8, 34–59.)

FRAGEN: 1. Was antwortete Jesus auf die Frage, ob er der Messias sei? 2. Was sagten darauf die Juden und was wollten sie tun? 3. Was sagte Jesus? 4. Was sagte Jesus über den Tod?

33. |

Einmal, als Jesus auf dem Rückweg nach Jerusalem sich befand, kamen zwei seiner Jünger, Jakobus und Johannes zu ihm und sagten: „Meister, versprich uns, daß du uns erfüllst, um was wir dich bitten werden." Er sprach: „Was wünscht ihr?" Sie sagten: „Dir gleich zu sein." Aber Jesus sagte: „Ihr wißt nicht, was ihr bittet. Jeder kann vermöge seiner Anstrengung in das Reich Gottes eingehen, aber niemand kann dieses für einen andern tun."

Und Jesus rief die anderen Jünger herbei und sagte zu allen: „Weltliche Menschen, Könige und Vorgesetzte sehen darauf, wer größer, wer kleiner unter ihnen ist. Bei euch aber soll es weder Große noch Kleine geben; bei euch wird nur derjenige groß sein, wer allen dient. Und wer unter euch der erste sein will, der soll sich für den letzten betrachten, weil nach dem Willen des Vaters der Menschensohn nicht deshalb lebt, damit man ihm diene, sondern, damit er selbst allen diene und das leibliche Leben für das Leben des Geistes hingebe.

(Mark. 10, 35–45.)

FRAGEN: 1. Um was baten die Jünger Jesus? 2. Was sagte er ihnen? 3. Was sagte er zu allen Jüngern?

34. |

Daraufhin sprach Jesus noch solches Gleichnis. Er sagte:

Es ging ein Hausherr des frühen Morgens, um Arbeiter für seinen Weinberg zu mieten und als er sich mit den Arbeitern auf einen Silbergroschen für den Tag geeinigt hatte, schickte er sie in seinen Weinberg; dann ging er um die Frühstückszeit aus und sah andere Arbeiter ohne Arbeit und sagte zu ihnen: „Geht auch ihr nach meinem Weinberg, und was euch gebührt, werde ich euch geben.[„] Sie gingen. Dann ging er wiederum um die Mittags- und Vesperzeit und tat dasselbe. Und auch am Vorabend fand er noch Leute ohne Arbeit und sagte zu ihnen: Warum steht ihr hier den ganzen Tag müßig? Sie sagten: „Niemand hat uns gemietet." Und er sagte: „Geht auch ihr in meinen Weinberg, und was euch gebührt, werdet ihr erhalten."

Und als die Zeit der Zahlung kam, sagte der Besitzer des Weinberges zu seinem Verwalter: „Rufe die Arbeiter und zahle ihnen den gleichen Lohn vom ersten bis zum letzten. Und die, welche abends gekommen waren, erhielten je einen Silbergroschen. Da dachten die zuerst Gekommenen, daß sie mehr bekommen würden, aber auch sie bekamen je einen Silbergroschen.

Darauf begannen diese ersten gegen den Besitzer des Weinberges zu murren und sagten: „Diese haben eine Stunde gearbeitet, wir aber den ganzen Tag vom frühen Morgen, und du hast sie uns gleichgestellt."

Der Hausherr aber sprach: „Weshalb knurrt ihr? Habt ihr euch nicht mit mir auf einen Groschen geeinigt? Nehmt, was euch gebührt, und geht. Wenn ich aber dem letzten ebensoviel geben will, wie auch dem ersten, darf ich denn mit dem Meinen nicht tun, was ich will? Ihr fühlt euch beleidigt, weil ich gut bin und seid neidisch gegen den Bruder. Das ist nicht recht."

Ganz so ist es auch mit den Menschen, ob früh ob spät, der Mensch wird erfüllen, was Gott von ihm verlangt. Allen wird das Gleiche zu teil, die letzten erhalten dasselbe, was auch die ersten.

(Matth. 20, 1–16.)

FRAGEN: 1. Wie mietete der Hausherr die Arbeiter? 2. Wie hat er sie ausgezahlt? 3. Was sagten die Arbeiter? 4. Was sagte der Hausherr? 5. Was bedeutet dieses Gleichnis?

35. |

Und über dasselbe trug er ihnen noch ein Gleichnis vor, indem er sagte:

„Ein Mensch hatte zwei Söhne, und der jüngere wollte sich vom Vater trennen und sagte: ‚Vater, gib mir meinen Erbteil.‘ Und der Vater gab ihm den Erbteil. Darauf nahm der jüngere Sohn sein Hab und Gut und zog in ein fremdes Land. Und in der Fremde vergeudete er all sein Vermögen und fing an zu darben. Und er kam derart herunter, daß er sich in der Fremde zum Schweinehüten vermietet hatte. Er nährte sich nur mit den Eicheln, die auch die Schweine fraßen. Und einmal überdachte er sein ganzes Leben und sagte zu sich: ‚Warum nur bin ich fortgegangen vom Vater? Der Vater hat alles im Überfluß, bei ihm werden auch die Taglöhner satt. Ich aber esse hier dasselbe, was die Schweine fressen. Ich will mich aufmachen und will lieber zum Vater gehen, vor ihm auf die Knie fallen und zu ihm sagen: Vater, ich bin schuldig vor dir und bin nicht wert, dein Sohn zu heißen. Nimm mich als einen deiner Taglöhner auf.‘„

Nachdem er so gedacht, machte er sich zu seinem Vater auf. Und als er sich dem Haus näherte, bemerkte ihn der Vater, erkannte ihn und ging ihm entgegen, umarmte und küßte ihn.

Der Sohn aber sagte: „Vater, ich bin schuldig vor dir, und bin nicht wert, dein Sohn zu heißen." Der Vater antwortete nichts auf diese Worte, sondern befahl nur den Dienern, das beste Kleid und gute Schuhe zu holen, und hieß den Sohn sich anziehen. Auch ließ der Vater noch ein gemästetes Kalb schlachten. Und nachdem alles bereit war, sagte der Vater zu den Hausleuten: „Dieser mein Sohn war tot und ist wieder lebendig geworden, er war verloren und ist jetzt wieder gefunden. Wir wollen ein Mahl halten vor Freude."

Und als sie alle bei Tisch saßen, kam der ältere Sohn vom Felde und sah, daß gefeiert wurde im Hause und er rief einen Knecht herbei und fragte: „Was ist denn los bei uns?" Und der Knecht sagte: „Hast du denn nicht gehört, dein Bruder ist gekommen und dein Vater freut sich." Der ältere Bruder fühlte sich gekränkt und wollte nicht hineingehen. Der Vater aber trat heraus zu ihm und bat ihn hineinzukommen. Er aber ging nicht und sagte zum Vater: „Wie viel Jahre diene ich dir und habe niemals deine Befehle übertreten, mir aber hast du niemals ein gemästetes Kalb schlachten lassen. Der jüngere Bruder aber hat das Haus verlassen, hat alles Vermögen mit Trunkenbolden verpraßt, und du bereitest für ihn ein solches Mahl."

Der Vater aber sagte zum älteren Sohn: „Du bist immer bei mir, und alles, was mein ist, ist dein. Und du hast dich nicht zu kränken, sondern hast dich zu freuen, daß dein Bruder gestorben war, und ist nun wieder lebendig geworden, war verloren und ist jetzt wiedergefunden."

Ebenso verfährt Gott mit allen Menschen, wenn sie früh oder spät zum Vater wiederkehren und das Reich Gottes betreten.

(Luk. 15, 11–32.)

FRAGEN: 1. Wie hat sich der jüngere Sohn vom Vater getrennt und wie hat er gelebt? 2. Wie kam er zurück? 3. Wie empfing ihn der Vater? 4. Was sagte der ältere Bruder? 5. Was antwortete der Vater? 6. Was bedeutet das Gleichnis?

36. |

Einmal fragte Jesus seine Jünger: „Sagt mir, was meinen die Leute von meiner Lehre?" Und sie sagten: „Die einen meinen, daß du dasselbe lehrst, was Johannes lehrte, andere sagen, du lehrst, was auch Jesaja lehrte; noch andere sagen, daß deine Lehre der Lehre des Jeremia gleiche, daß du ein Prophet seist." – „Nun gut," sagte Jesus. „Und was meint ihr von meiner Lehre?"

Simon Petrus sagte zu ihm: „Meiner Meinung nach lehrst du, daß der Geist Gottes in jedem Menschen lebt und daß deshalb jeder Mensch ein Sohn Gottes sei."[2] Jesus entgegnete ihm: „Selig bist du, Simon, daß du das begriffen hast. Ein Mensch konnte dir das nicht offenbaren, sondern du hast das begriffen deshalb, weil Gott in dir lebt. Nicht ich habe dir das mit meinen Worten offenbart, sondern mein Gott und Vater hat dir das unmittelbar enthüllt."

---

[2] [Wortlaut Mt. 16, 16b „Du bist Christus, des lebendigen Gottes Sohn!" IvH]

Und zur selben Zeit eröffnete Jesus den Jüngern, daß er in Jerusalem Angriffe und Beleidigungen erleiden werde von Menschen, die an seine Lehre nicht glauben, daß wenn sie ihn töten, sie nur seinen Leib töten, nicht aber den Geist Gottes, der in ihm lebt.

Petrus, der diese Worte hörte, ward betrübt, nahm Jesus bei der Hand und sagte zu ihm: „Gehe nicht nach Jerusalem."

Jesus aber entgegnete: „Sprich nicht so. Wenn du für mich Leiden und Tod befürchtest, so heißt das, daß du nicht das Göttliche, sondern das Menschliche vor Augen hast. In diesem Leben müssen die Menschen leiden, wenn sie für das Reich Gottes leben, denn die Welt liebt die ihrigen und haßt, die Gottes sind. Es war stets so, daß die weltlichen Menschen diejenigen haßten, die den Willen des Vaters erfüllen.

Und nachdem er das Volk und die Jünger herbeigerufen, sagte Jesus: „Wer nach meiner Lehre leben will, der muß auf sein leibliches Leben verzichten und zu allen Leiden bereit sein, denn wer für sein leibliches Leben besorgt ist, der verliert das wahre Leben; wer aber sein leibliches Leben hingibt, der gewinnt das ewige. Und wer meine Lehre erfüllen will, der soll sie erfüllen nicht durch Worte, sondern durch Taten."

Und er sprach darüber ein Gleichnis:

„Ein Mensch hatte zwei Söhne, und er sagte zu dem ersten: Geh und arbeite in meinem Weinberg. Der Sohn aber sagte: ‚Ich mag nicht,' dann aber reute es ihn und er ging. Darauf ging der Vater zum zweiten Sohn und sagte ebenso. Und der zweite Sohn sagte: ‚Ich will sofort gehen,' und ging nicht. Welcher von den beiden hat den Willen des Vaters getan?

Und die Jünger antworteten: ‚Der erste.'

Und Jesus sagte: ‚Auch ich sage euch so, daß die Zöllner und Dirnen eher in das Reich Gottes eingehen werden, als die, welche reden, aber nicht tun.'"

(Matth.16, 13–17. 21-25; Matth. 21, 28–31.)

FRAGEN: 1. Was sagte Jesus darüber, was mit denen wird, die seine Lehre erfüllen? 2. Was wird hier mit solchen Menschen geschehen? 3. Was hat ihm Petrus gesagt? 4. Was antwortete Jesus? 5. Welches Gleichnis brachte er vor?

37. |

Da sagten die Jünger zu ihm: „Schwer ist deine Lehre. Mehre in uns den Glauben daran, daß es uns wohl ergehen wird, wenn wir deiner Lehre nach leben."

Jesus begriff, daß die Jünger nach dem Lohn für ein rechtes Leben frugen. Und er sagte ihnen:

„Nicht das ist der Glaube, daß man an eine Belohnung glaubt, sondern, daß man deutlich verstehe, worin das Leben besteht. Wenn du deutlich verstehst, daß dein Leben im Geiste Gottes beruht, so wirst du keinen Lohn erwarten. Der Herr dankt nicht dem Arbeiter dafür, daß er getan hat, was seine Schuldigkeit war. Und der Arbeiter, der es begreift, daß er ein Arbeiter ist, wird deswegen nicht zürnen, sondern wird arbeiten, und weiß, daß er bekommen wird, was ihm gebührt.

Tut auch ihr so, erfüllt den Willen des Vaters und begreift, daß ihr Arbeiter seid, und wenn ihr getan habt, was eure Schuldigkeit war, so erwartet keine Belohnung, sondern seid zufrieden mit dem, was ihr bekommt. Nicht darum hat man zu sorgen, daß man einen Lohn erhält, sondern dafür muß man sorgen, daß man das uns gegebene Leben nicht verderbe, daß man in diesem Leben den Willen des Vaters erfülle. Darum seid immer bereit wie die Diener, wenn sie ihren Herrn erwarten. Die Diener wissen nicht, wann er kommt, früh oder spät, und müssen immer bereit sein.

Ganz so auch im Leben. Immer, jede Minute muß man den Willen des Vaters erfüllen und sich nicht sagen: ‚Zu jener Zeit oder an jenem Ort will ich dieses oder jenes tun.'

Also, lebt immer im Geiste in der Gegenwart. Für das Leben des Geistes gibt es keine Zeit. Hütet euch, daß ihr euch nicht mit Trunkenheit, Völlerei, Sorgen beschwert und umnebelt, damit der Geist Gottes stets über euren Körper herrsche."

(Luk. 17, 5–10; 12, 36–40; 21, 34.)

FRAGEN: 1. Was sagten die Jünger? 2. Was sagte Jesus vom Glauben? 3. Welches Gleichnis trug er hierüber vor? 4. Wie und weshalb muß man in der Gegenwart leben?

38. |

Und noch ein Gleichnis sagte Jesus darüber, wie die Menschen zu leben haben. Er sprach:

Ein Mensch pflanzte einen Garten, umzäunte ihn, brachte ihn in Ordnung, tat alles, damit der Garten je mehr Früchte trage. Dann setzte er Pächter in den Garten, auf daß sie arbeiteten, Früchte sammelten und dem Vertrage nach Zinsen zahlten. Und es kam der Termin, und der Besitzer schickte den Knecht, den Ertrag zu holen, aber die Arbeiter hatten vergessen, daß nicht sie den Garten gepflanzt und hergerichtet, daß sie ins Fertige gekommen waren, und sie verjagten den Boten des Herrn und lebten im Garten, als wären sie die Herren, ohne daran zu denken, daß der Garten nicht ihr Eigentum war und daß sie aus Gnade des Herrn daselbst wohnten. Da schickte der Herr noch einen älteren Verwalter, damit er die Arbeiter an den Pachtzins erinnere. Die Arbeiter verjagten auch ihn. Daraufhin schickte der Herr seinen Sohn. Die Arbeiter dachten jedoch, daß, wenn sie den Sohn des Herrn ermordeten, man sie gänzlich in Ruhe ließe. Und sie ermordeten ihn.

Was konnte der Besitzer tun? Nichts anderes, als die Pächter verjagen und andere hinschicken.

Der Besitzer – das ist der Vater; der Garten ist die Welt; die Arbeiter sind die Menschen. Der Zins – ist das geistige Leben; die Boten des Besitzers – sind heilige Männer, welche die Menschen mahnen, daß sie nicht für den Leib, sondern für den Geist zu leben haben.

Verirrte Menschen meinen, daß ihnen das Leben ihres körperlichen Wohles halber gegeben sei, nicht aber, um den Willen des Vaters zu erfüllen, und sie ertöten in sich das Leben des Geistes und werden deshalb des Lebens verlustig.

(Mark. 12, 1–9.)

134

FRAGEN: 1. Was für ein Gleichnis erzählte Jesus? 2. Wie verfügte der Besitzer über den Garten? 3. Was dachten sich und was taten die Pächter? 4. Was mußte nun der Besitzer tun? 5. Was bedeutet dieses Gleichnis?

39. |
Darauf kam Christus wiederum nach Jerusalem und redete im Tempel zum Volke über das böse Leben der Pharisäer. Er sagte:

„Hütet euch vor der Lehre der Schriftgelehrten, der anmaßenden rechtgläubigen Lehrer. Hütet euch vor ihnen, denn sie haben den Platz der wahren Lehrer, der Propheten, eingenommen. Sie haben eigenmächtig die Macht an sich gerissen, dem Volke den Willen Gottes zu predigen. Sie sprechen nur, tun aber nicht, was sie sprechen. Sie wollen Lehrer sein und trachten sich deshalb hervorzutun: sie schmücken sich mit Titeln und Würden, selbst aber tun sie nichts. Glaubet ihnen nicht. Wisset, daß niemand sich Lehrer nennen darf.

Diese selbsterwählten rechtgläubigen Lehrer meinen, man könne die Menschen mittels äußerer Zeremonien und Schwüre zu Gott führen, und sehen nicht, daß das Äußere ohne Belang ist, daß alles von der Seele des Menschen abhängt. Sie tun das, was das Leichteste ist – das Äußere, das aber, was notwendig und schwer ist – Liebe, Barmherzigkeit, Wahrheit, vernachlässigen sie ganz. Es ist ihnen nur darum zu tun, äußerlich dem Gesetze anzuhängen und andere äußerlich an das Gesetz zu binden. Und deshalb sind sie wie die getünchten Gräber: äußerlich scheinen sie rein, inwendig aber sind sie ein Greuel.

Auch die Heiligen und die Märtyrer ehren sie äußerlich. Eigentlich aber sind sie selbst diejenigen, die die Heiligen mordeten und quälten. Sie waren von jeher und sind auch jetzt die Feinde alles Guten. Von ihnen stammt alles Böse in der Welt, denn sie unterdrücken das Gute und nennen das Böse gut. Dieses aber hat man am meisten zu fürchten, denn ihr wißt selbst, daß sich jeder Irrtum gut machen läßt, wenn aber die Leute sich über den Sinn des Guten irren, dann kann dieser Irrtum nicht

mehr gebessert werden. Das eben ist es, was diese selbsterwählten Hirten tun."

Danach sagte Jesus: „Hier in Jerusalem wollte ich alle Menschen vereinigen, so daß alle Menschen hier einander lieben und
einander dienen sollen, aber die Leute hier verstehen nur die
Lehrer des Guten zu morden."

Und Jesus verließ den Tempel und ging fort.

Und er sagte: „Wahrhaftig sage ich euch, daß dieser ganze
Tempel und alle seine Zierden, alles dieses zerstört werden wird
und nichts wird davon bleiben. Es gibt nur einen Tempel Gottes,
das sind die Herzen der Menschen, wenn sie einander lieben."

Und sie fragten ihn: „Wann wird denn ein solcher Tempel er-
stehen?" Und Jesus antwortete: „Das wird nicht so bald sein.
Man wird noch lange mit meiner Lehre die Menschen betrügen
und es wird Kriege und Aufstände deswegen geben. Und groß
wird die Gottlosigkeit sein und wenig Liebe wird es geben.

Wenn aber alle Menschen die wahre Lehre begriffen haben
werden, dann kommt das Ende des Bösen und der Ärgernisse."

(Luk. 20, 46; Matth. 23, 1–39; Mark. 3, 28 und 29; Matth. 24, 1–
14.)

FRAGEN: 1. Wie geißelte Jesus die Pharisäer? 2. Was wollte er
aus Jerusalem machen? 3. Was sagte er vom Tempel? 4. Was
sagte er darüber, wenn die Menschen sich in der Wahrheit vereinigen?

40. |

Aus allen Kräften trachteten die Schriftgelehrten und Pharisäer,
Jesus zu verderben; sie beriefen eine Ratsversammlung und begannen hin und her zu urteilen, wie das zu machen wäre. Die
einen sagten: Man muß diesen Menschen zurechtweisen. Er ver-
ficht seine Lehre auf solche Art, daß wenn mir ihn ungehindert
lassen, alle an ihn glauben werden und unseren Glauben verlassen. Auch jetzt schon glaubt die Hälfte des Volkes an ihn. Wenn
aber alle seine Lehre annehmen werden, daß alle Menschen die
Söhne eines Vaters und alle miteinander Brüder sind, daß unser

jüdisches Volk nichts Besonderes unter den übrigen Völkern ist, so werden die Römer kommen und uns unterjochen, und es wird kein jüdisches Reich mehr geben.

Und lange berieten sich die Schriftgelehrten und Pharisäer. Sie hatten den Wunsch, Jesus zu töten, um ihn loszuwerden, hatten aber Furcht vor dem Volke und wagten es nicht, das zu vollbringen.

Da sagte einer von ihnen, der Hohepriester Kaiphas, folgendes: „Was habt ihr euch so zu fürchten. Es gibt Fälle, wo es notwendig ist, einen Menschen zu töten, damit das ganze Volk nicht zugrunde gehe. So auch jetzt, – wenn wir diesen Menschen nicht beseitigen, so wird das ganze Volk verderben. Und wenn es auch nicht verdirbt, so wird es sich zerstreuen und wird unseren alleinigen wahren Glauben verlassen, und deshalb darf man nicht zögern, man muß Jesus töten."

Und nachdem Kaiphas dies gesagt hatte, stimmten ihm alle bei und beschlossen, Jesus zu töten. Sie hätten ihn sofort ergriffen und getötet, Jesus war aber nicht in Jerusalem, und sie wußten nicht, wo er sei.

Als aber das Passahfest sich näherte, meinten die Hohenpriester, daß Jesus sicher mit dem Volke zum Fest kommen werde, und gaben ihren Dienern Befehl, wenn jemand Jesus sehe, ihn vorzuführen.

Und wirklich, sechs Tage vor dem Passahfeste sagte Jesus zu seinen Jüngern: „Nun wollen wir nach Jerusalem ziehen." Aber die Jünger wußten, daß ihn die Hohenpriester töten wollten, und baten ihn, er möge nicht nach Jerusalem ziehen. Sie sagten: „Die Hohenpriester haben beschlossen, dich zu steinigen. Wenn du dahin kommst, werden sie dich sicher ermorden."

Jesus aber sagte zu ihnen: „Nur der stolpert und fällt, wer in der Finsternis wandelt; wenn aber der Mensch am Tage bei Licht wandelt, so wird er nicht straucheln. Der Mensch kann nicht irren, wenn er im Lichte des Willens Gottes lebt, wenn er tut, was Gott will. Ein solcher Mensch kann nichts fürchten. Laßt uns nach Jerusalem gehen."

Und sie machten sich fertig und gingen.

(Joh. 11, 47–57; 7–10.)

FRAGEN: 1. Weshalb ängstigten sich die Schriftgelehrten und Pharisäer? 2. Was sagte Kaiphas? 3. Was haben die Hohenpriester beschlossen? 4. Was sagten die Jünger zu Jesus? 3. Was hat er zu ihnen gesagt?

41. |

Als man in Jerusalem erfuhr, daß Jesus komme, ging das Volk, ihn zu empfangen, sie umringten ihn, ließen ihn ein Eselsfüllen reiten, und die Leute liefen vor ihm her, nahmen Zweige von den Bäumen und breiteten sie auf den Weg und riefen: „Das ist er, unser wahrer König! Er hat uns den wahren Gott gelehrt." Und so zog Jesus nach Jerusalem ein. Und die Leute fragten: „Wer ist das?" Und die ihn kannten, antworteten: „Das ist Jesus, der Prophet aus Nazareth in Galiläa."

Nachdem Jesus zum Tempel herangeritten war, stieg er herab vom Eselsfüllen, trat ein in den Tempel und begann das Volk zu lehren. Und die Pharisäer und Bischöfe sahen das alles und sagten zueinander: „Seht, was dieser Mensch tut. Das ganze Volk folgt ihm nach."

Sie wollten ihn sofort ergreifen, wagten es aber nicht zu tun, sie fürchteten das Volk und sannen immer noch nach, wie man das tun könnte, ohne das Volk zu erzürnen.

Jesus aber lehrte das Volk ungehindert im Tempel. Unter dem Volke waren außer den Juden auch noch Heiden da, Griechen. Die Griechen hatten gehört, daß die Lehre Jesu nicht allein für die Juden bestimmt sei, sondern für alle Menschen, und wollten ihn hören. Und sie befragten darüber Philippus. Philippus aber sagte es dem Andreas.

Die Jünger fürchteten Jesus mit den Griechen zusammenzubringen. Sie fürchteten, daß das Volk sich gegen Jesus erzürne, weil er keinen Unterschied zwischen Juden und anderen Völkern mache, und wagten anfangs nicht Jesus zu sagen, was die Griechen wünschten, dann aber sagten sie es ihm.

Nachdem Jesus vernommen, daß die Griechen bei ihm lernen

wollten, wurde er anfangs bestürzt. Er wußte, daß wenn er keinen Unterschied zwischen Juden und Heiden machte, so werde das Volk erbost gegen ihn. Aber sogleich faßte er sich und sagte: „Es gibt keinen Unterschied zwischen Juden und Heiden und der Menschensohn ist in allen Menschen derselbe. Mag ich verderben dafür, aber die Zeit ist gekommen, den Menschensohn anzuerkennen, einen Geist Gottes in allen Menschen zu erkennen. Das Weizenkorn bringt nur dann Frucht, wenn es selbst zugrunde geht. Auch der Mensch bringt nur dann Frucht, wenn er sein Leben hingibt für die Erfüllung des Willens Gottes. Wer sein fleischliches Leben liebt, der vermindert sein geistiges Leben, wer aber bereit ist, sein fleischliches Leben zu opfern, der wird das geistige empfangen.

Meine Seele ringt jetzt, ob ich mich den Berechnungen des zeitlichen Lebens ergebe oder den Willen des Vaters erfülle. Und was, soll ich etwa jetzt, wo die Stunde gekommen ist, wo ich das erfüllen muß, dessenthalben ich in die Welt gesandt bin, soll ich da etwa sagen: Vater, erlasse mir das, was ich zu vollbringen habe? – Das kann ich nicht sagen, sondern ich sage: Vater, offenbare dich in mir so, daß ich den Menschensohn erhöhen und alle Menschen vereinigen kann."

Auf diese Worte erwiderten ihm die Juden: „Wir wissen, daß Christus kommen soll, verstehen aber nicht, was das heißen soll: den Menschensohn erhöhen."

Und Jesus sagte: „Den Menschensohn erhöhen heißt, vermöge des geistigen Lichtes leben. Das geistige Licht aber ist in uns allen. Den Menschensohn über alles Irdische erhöhen heißt glauben, daß der Geist Gottes in jedem Menschen lebt. Wer an meine Lehre glaubt, der glaubt nicht mir, sondern dem Geiste Gottes; der Geist Gottes aber verleiht der Welt das Leben und lebt in uns allen. Und wer meine Lehre begreift, der kennt diesen Geist, denn dieser Geist lebt in ihm und gibt der Welt das Leben. Wenn aber jemand diese meine Worte hört und sie nicht versteht, so richte ich ihn nicht, denn ich bin nicht gekommen zu richten, sondern zu erretten. Wer meine Worte nicht versteht, der glaubt nicht an den Geist Gottes, denn das, was ich rede, rede ich nicht aus mir selbst, sondern aus dem Geiste des Vaters. Der Geist des Vaters aber lebt in mir. Das, was ich rede, hat mir dieser Geist mitgeteilt."

Und nachdem Jesus dieses gesprochen hatte, ging er fort und verbarg sich wiederum vor den Hohenpriestern.

(Matth. 21, 7–12; Joh. 12, 19–36. 44–50.)

FRAGEN: 1. Was sprach Jesus im Tempel darüber, was seiner harrte? 2. Was sagte er von seiner Lehre?

42. |

Unter denen, die diese Worte Christi gehört hatten, gab es viel Mächtige und Reiche, die an die Lehre Jesu glaubten; sie fürchteten aber, dieses vor den Pharisäern zu gestehen, weil von den Pharisäern kein einziger sich zur Lehre Jesu bekannte. Sie gestanden nicht die Wahrheit, denn sie waren gewöhnt, mehr der menschlichen als der göttlichen Lehre zu glauben.

Und wiederum versammelten sich die Hohenpriester und Schriftgelehrten im Hofe des Kaiphas. Und sie hielten Rat, wie sie sich im geheimen Jesu bemächtigen und ihn töten könnten. Offenkundig aber fürchteten sie ihn zu ergreifen. Zu ihnen in die Ratsversammlung kam einer der ersten Jünger Jesu, Judas aus Ischariot, und sagte zu ihnen: „Falls ihr fürchtet, Jesus offenkundig vor dem Volke festzunehmen, so will ich eine Zeit wählen, da um ihn nur wenig Volk versammelt ist, und werde euch zeigen, wo er ist, und dann werdet ihr ihn ergreifen. Was wollt ihr mir dafür geben?" – Sie versprachen ihm dafür dreißig Silberstücke. Judas war einverstanden und begann von nun an aufzupassen, wann die Hohenpriester herbeizuführen wären, um Jesus zu ergreifen.

Unterdessen ging Jesus wiederum fort aus Jerusalem, und nur seine Jünger waren mit ihm. Als aber der erste Festtag der ungesäuerten Brote anbrach, sagten die Jünger zu Jesus: „Wo wollen wir das Passahfest feiern?" Jesus antwortete: „Geht in irgend ein Dorf, tretet in das erstbeste Haus ein und sagt, daß ihr nicht Zeit habt, das Passahmahl zu bereiten, und daß ihr bittet, sie mögen euch erlauben, bei ihnen das Passahfest zu feiern."

Die Jünger taten auch so, sie gingen in ein Dorf, betraten das erste Haus im Dorfe, und der Hausbesitzer gewährte ihnen, was sie baten. Und nachdem sie alle gekommen waren – Jesus und die zwölf Jüngere, auch Judas unter ihnen –, nahmen sie Platz um den Tisch herum, um das Passahmahl abzuhalten. Jesus aber ahnte, daß Judas aus Ischariot den Pharisäern versprochen hatte, ihn auszuliefern, er wollte aber nicht Böses mit Bösem vergelten und Judas vor allen Jüngern bloßstellen, sondern wie er stets seine Jünger Liebe gelehrt, so wollte er auch jetzt nur mit Liebe das Herz des Judas erweichen.

Und als er und alle zwölf Jünger bereits bei Tische saßen, nahm Jesus das Brot, brach es in zwölf Teile, gab jedem je ein Stück davon und sagte: „Dieses ist mein Leib, nehmt und eßt ihn." Dann goß er Wein in den Becher, reichte ihn den Jüngern und sagte: „Trinket alle aus diesem Becher, dieses ist mein Blut."

Und nachdem sie einer nach dem andern den Wein aus dem Becher getrunken hatten, sagte er: „Ja, dieses ist mein Blut. Ich vergieße mein Blut für die Sünden der Welt." Und nachdem er das gesprochen, stand er vom Tisch auf, nahm sein Oberkleid ab, umgürtete sich mit einem Handtuch, nahm einen Krug Wasser und sagte, daß er jetzt allen Jüngern die Füße waschen wolle. Und zuerst trat er an Petrus heran, Petrus aber wich zurück und sagte: „Wie kann der Meister den Jüngern die Füße waschen?" Aber Jesus sagte zu ihm: „Dir kommt das seltsam vor, daß ich deine Füße waschen will, aber du wirst sofort erfahren, warum ich das tue. Ich tue das, obzwar ihr seid rein, aber nicht alle."

Mit diesen Worten spielte Jesus auf Judas an.

Und Jesus wusch ihnen allen die Füße, also auch dem Judas. Und nachdem er dieses beendigt hatte und sich ankleidete, wandte er sich an alle Jünger und sagte: „Habt ihr nun verstanden, warum ich dieses getan habe? Ich habe das getan, damit auch ihr dasselbe immer einander tut! Ich, euer Meister, tue das, auf daß ihr wißt, wie man vorzuzugehen hat mit denen, die euch Böses tun. Wenn ihr das versteht und so tut, so wird es euch immer wohl ergehen."

Und als Jesus das gesagt hatte, ward er betrübt und sagte: „Ja, ja, einer von denen, welchen ich die Füße gewaschen habe, wird mich verraten."

Und die Jünger sahen einander an und wußten nicht, wen er meine. Nun saß einer der Jünger ganz nahe bei Jesus. Simon Petrus winkte diesem zu, er soll ihn fragen, wen er meinte. Dieser frug.

Und Jesus sagte: „Der ist es, dem ich einen Bissen Brot reichen werde." Und er gab einen Bissen dem Judas aus Ischariot und sagte zu ihm: „Was du vorhast, das tue bald." – Anfangs wußte niemand, was die Worte Jesus zu bedeuten haben, Judas aber hatte sie verstanden, und sobald er den Bissen empfangen hatte, stand er gleich auf und ging, und nachdem die Jünger begriffen hatten, um was es sich handle, war es schon zu spät und sie konnten ihm nicht nachlaufen, denn es war finstere Nacht.

Und nachdem Judas fortgegangen war, sagte Jesus: „Meine Kinder! nur eine kurze Zeit bin ich noch bei euch. Streitet nicht über meine Lehre, sondern, wie ich den Pharisäern sagte, tut, was ich tue. Ein neues Gebot gebe ich euch: Wie ich euch stets und bis zu Ende alle geliebt habe, so sollt ihr euch auch stets und bis zu Ende untereinander und alle Menschen lieben. In diesem Gebot besteht meine ganze Lehre. Nur wenn ihr dieses Gebot erfüllen werdet, werdet ihr meine Jünger sein. Liebet euch untereinander und liebet alle Menschen."

(Joh. 12, 42, 43; Matth. 26, 3–5, 14–28; Joh. 13, 2–35.)

FRAGEN: 1. Wer glaubte an die Lehre Jesu? 2. Wie berieten sich die Hohenpriester? 3. Was hatte Judas versprochen? 4. Wie gebot Jesus das Passahmahl vorzubereiten? 5. Wie spielte Jesus auf Judas an? 6. Was tat Jesus seinen Jüngern? 7. Wie hat er Judas vor dem Zorn der Jünger gerettet? 8. Welches Gebot gab er den Jüngern?

43. |

Noch sagte Jesus zu seinen Jüngern: „Das Leben besteht darin, daß man sich immer mehr und mehr der Vollkommenheit Gottes nähere. Das ist der Weg. Ich gehe ihn, und ihr kennt diesen Weg."

Da sagte Thomas zu ihm: „Nein, wir wissen nicht, wohin du gehst, und deshalb können wir auch den Weg nicht wissen."

Jesus sagte: „Ich gehe zum Vater, und meine Lehre ist der Weg zu Ihm. Niemand kann sich mit dem Vater des Lebens vereinigen als durch meine Lehre. Erfüllt meine Lehre der Liebe, und ihr werdet den Vater erkennen."

Philippus sagte: „Zeige uns den Vater."

Jesus sagte: „Wie ist das möglich, daß du den Vater nicht kennst. Meine Lehre besteht darin, daß ich im Vater lebe und der Vater in mir. Wer meiner Lehre nach leben und wer meine Gebote erfüllen wird, der wird den Vater erkennen. Ich werde sterben, und die weltlichen Menschen werden mich nicht sehen, aber mein Geist wird nicht sterben, und ihr werdet leben durch ihn. Und dann werdet ihr verstehen, daß ich im Vater lebe und der Vater in mir."

Und wiederum sagte Judas zu ihm, nicht der aus Ischariot, sondern ein anderer: „Warum soll dein Geist nur in uns und nicht in alle Menschen eingehen?"

Und Jesus gab ihm zur Antwort: „Wer meine Lehre erfüllt, den hat der Vater lieb und mein Geist lebt in ihm. Wer aber meine Lehre nicht erfüllt, den hat mein Vater nicht lieb und Sein Geist lebt nicht in ihm. Meine Lehre ist nicht mein, sondern des Vaters!"

Das ist alles, was ich jetzt sagen kann. Aber mein Geist, der Geist der Wahrheit, wird nach mir in euch eingehen, und er wird euch alles offenbaren und ihr werdet euch dann erinnern und vieles davon begreifen, was ich euch gesagt habe. Und sobald ihr das begriffen habt, werdet ihr ruhig sein, nicht im Sinne der weltlichen Zufriedenheit, wie die weltlichen Menschen zufrieden sind, sondern mit solcher Zufriedenheit des Geistes, daß ihr nichts mehr fürchten werdet. Umsonst ängstigt ihr euch, weil ich von euch fortgehe. Ich gehe zum Vater, und werde von ihm aus, als Geist der Wahrheit, wiederum zu euch kommen und mich in euren Herzen niederlassen. Nicht grämen, sondern freuen sollt ihr euch über meinen Tod, weil anstatt meiner, anstatt meines Leibes, mein Geist mit euch in eurem Herzen verweilen wird, dieses aber ist besser für euch."

(Joh. 14, 1–28.)

FRAGEN: 1. Was sagte Jesus darüber, worin das wahre Leben besteht? 2. Was antwortete Jesus auf die Frage des Thomas, was der Weg sei? 3. Was antwortete Jesus auf die Bitte des Philippus, ihnen den Vater zu zeigen? 4. Worin wird der Trost der Jünger bestehen? 5. Was antwortete Jesus auf die Frage des Judas, weshalb der Geist Gottes nicht in alle Menschen einziehen wird. 6. Wie wird es demjenigen ergehen, der an die Lehre Jesu glaubt?

44. |

Wenn ihr nach meinem Liebesgebot leben und es erfüllen werdet, so werdet ihr alles haben, was ihr wünscht, denn der Wille Gottes besteht darin, daß ihr alles habt, was ihr wünscht. Wie mir der Vater das Heil gab, so gebe auch ich euch das Heil. Wenn ihr mein Gebot ebenso haltet, wie ich das Gebot des Vaters halte, so werdet ihr glückselig sein. Mein Gebot besteht darin, daß ihr euch untereinander lieben sollt ebenso wie ich euch geliebt habe, so, daß ihr um der Liebe willen bereit seid, euer leibliches Leben hinzugeben. Ihr seid mir gleich, wenn ihr tut, was ich euch gelehrt habe. Ich halte euch nicht für Knechte, sondern für meinesgleichen, denn ich habe euch alles mitgeteilt, was ich vom Vater vernommen hatte, und ihr vermögt dasselbe zu tun, was auch ich tue. Ich gab euch die alleinige wahre Lehre. Und diese Lehre verleiht euch das einzige wahre Heil.

Meine ganze Lehre ist die, liebet euch untereinander. Wenn die Welt euch haßt und verfolgt, so wundert euch nicht darüber: der Welt ist meine Lehre widerlich. Wenn ihr mit der Welt einig wäret, so würde die Welt euch lieben. Ich habe euch jedoch ausgelesen aus der Welt, und deswegen wird sie euch hassen und verfolgen. Wenn sie mich verfolgt haben, so werden sie auch euch verfolgen. Sie können nicht anders als so, denn sie kennen nicht den Vater. Ich habe ihnen erklärt, wer ihr Vater sei, sie aber wollten mich nicht hören. Sie haben meine Lehre nicht begriffen, denn sie haben nicht begriffen, was ich ihnen vom Vater redete. Und deswegen haßten sie mich noch mehr.

Noch vieles hätte ich euch zu sagen, aber ihr könnt es jetzt schwer fassen. Wenn aber der Geist der Wahrheit in euch Wohnung nimmt, wird er euch die ganze Wahrheit enthüllen, denn er wird euch nicht neues und nicht aus sich selbst reden, sondern das, was von Gott ist, und er wird euch in allen Lebensfällen den Weg zeigen. Dieser Geist wird zu euch dasselbe reden, was ich rede.

(Joh. 15, 7–26; 16, 12–15.)

FRAGEN: 1. Was wird mit denen sein, die die Gebote Jesu halten? 2. Worin bestehen die Gebote und ganze Lehre? 3. Wie werden die weltlichen Menschen mit den Jüngern Jesu verfahren? 4. Warum werden die weltlichen Menschen so tun? 5. Wer wird den Jüngern alles klar machen, was Jesus ihnen zu sagen nicht vermochte?

45. |

Danach hob Jesus seine Augen zum Himmel und sagte: „Mein Vater, Du gabst Deinem Sohn die Freiheit des Lebens, damit er das wahre Leben gewinne. Wahres Leben ist Kenntnis des wahren Gottes. Und ich habe Dich den Menschen offenbart. Ich habe vollendet das Werk, das Du mir aufgetragen hast. Auch früher waren sie Dein, aber Deinem Willen gemäß habe ich ihnen die Wahrheit offenbart, daß Du in ihnen lebst. Und sie haben Dich erkannt. Sie haben erkannt, daß alles, was in mir ist, auch in ihnen ist, und daß alles einzig von Dir kommt. Sie haben erkannt, daß all das Meinige Dein ist, und all das Deinige mein. Ich bleibe nicht mehr in der Welt, sondern gehe zu Dir, sie aber sind in der Welt und deshalb bitte ich Dich, Vater, erhalte sie in der Wahrheit. Ich bitte nicht, daß Du sie aus der Welt nimmst, sondern daß Du sie vor der Lüge bewahrst, daß Du sie in Deiner Wahrheit stärkst. Damit sie alle *eins* sind; wie Du, Vater, in mir bist, und ich in Dir, daß auch sie so *eins* sein sollen in uns. Damit sich alles in *eins* vereine und die Menschen verstehen lernen, daß sie nicht von selbst geboren werden, sondern Du, sie liebend, ebenso in die Welt gesandt hast, wie auch mich.

Gerechter Vater! Die Welt hat Dich noch nicht erkannt, ich aber habe Dich erkannt und auch sie haben Dich durch mich erkannt. Und ich habe ihnen verkündigt, daß Du ihnen das Leben gabst, weil du sie liebtest, auf daß Deine Liebe zu ihnen zu Dir zurückkehre.

(Joh. 17, 1-26.)

FRAGEN: 1. Worin besteht das wahre Leben? 2. Was ist [es, das] lebt in den Jüngern Jesu wie auch in allen Menschen?

46.

Danach aber erhob sich Jesus und ging mit den Jüngern auf den Ölberg. Und unterwegs sagte er zu ihnen: „Jawohl, die Zeit ist da, daß sie, wie es in der Schrift heißt, den Hirten erschlagen und daß die Schafe sich zerstreuen werden. So wird es euch ergehen. Mich werden sie ergreifen, und ihr werdet euch zerstreuen."

„Nein, ich werde mich nicht flüchten", sagte Petrus; „auch wenn alle entlaufen, ich werde dich gewiß nicht verlassen. Ich bin bereit dir überall zu folgen, auch in das Gefängnis, auch in den Tod."

Jesus aber sagte: „Rühme dich nicht in voraus dessen, was du zu tun gedenkst. Möglich, daß du mich heute noch vor dem Hahnenschrei nicht einmal, sondern dreimal verleugnest."

„Um keinen Preis", sagte Petrus. Und dasselbe sagten auch die anderen Jünger.

Und als sie in den Garten Gethsemane kamen, sagte Jesus zu ihnen: „Verweilet hier ein wenig, ich will gehen und beten." Und er nahm mit sich nur Petrus und die beiden Brüder Zebedäus. Er sprach: „Mir ist schwer zu Mute. Bleibt einige Zeit mit mir."

Und er ging ein kleines Stück voraus, fiel nieder und begann zu beten. Er sagte: „Mein Vater! Erlöse mich von dem, was meiner harrt." Danach aber schwieg er ein wenig und sagte: „Aber nicht mein Wille geschehe, sondern der Deine, und nicht wie ich will, sondern wie Du."

Und dann erhob er sich und näherte sich den Jüngern. Die Jünger aber schliefen. Jesus weckte sie und sagte: „Rafft euch auf, nur der Geist ist stark, das Fleisch ist schwach."

Und wieder ging er etwas voraus und er betete nochmals, indem er sagte: „Mein Vater! Dein Wille geschehe. Nicht mein Wille geschehe, sondern der Deine."

Und nachdem er das gesagt hatte, näherte er sich abermals den Jüngern und sah, daß sie wiederum eingeschlafen waren. Und er ging zum dritten mal und sagte wiederum: „Mein Vater! Nicht mein Wille geschehe, sondern der Deine."

Dann kehrte er zurück zu den Jüngern und sagte zu ihnen: „Nun wollen wir gehen. Ich werde mich in die Hände der Gewalt überliefern."

(Matth. 26, 30–46.)

FRAGEN: 1. Was sagte Jesus, als er auf den Ölberg ging? 2. Was sagte Petrus und was antwortete ihm Jesus? 3. Wie betete Jesus im Garten Gethsemane? 4. Was wiederholte er den Jüngern dreimal?

47. |

Und kaum hatte er das gesagt, da erschien Judas von Ischariot und mit ihm eine Krieger- und Dienerschar mit Waffen und Laternen, geschickt von den Hohenpriestern. Und Judas trat sofort an ihn heran und sagte: „Sei gegrüßt, Meister!" Und er küßte ihn.

Da sagte Jesus zu ihm: „Freund, warum bist du gekommen?"

Da umringte Jesus die Wache und wollte ihn verhaften. Aber Petrus entriß einem der hohenpriesterlichen Diener das Schwert und hieb ihm das rechte Ohr ab. Als Jesus das sah, sagte er zu Petrus: „Stecke das Schwert in die Scheide. Alle, die zum Schwerte greifen, werden durchs Schwert umkommen."

Und dann wandte sich Jesus zu den Leuten, die um ihn gekommen waren, und sagte: „Warum seid ihr mit Waffen wie gegen einen Räuber gekommen? Ich war doch täglich im Tempel unter euch und habe euch gelehrt – warum habt ihr mich da nicht ergriffen?"

Darauf befahl der Hauptmann den Soldaten Jesus zu fesseln. Die Soldaten fesselten ihn und führten ihn vorerst zu Kaiphas. Das war derselbe Kaiphas, der die Pharisäer bewogen hatte Jesus zu verderben, indem er sagte, daß es besser sei einen Menschen zu verderben, als daß das ganze Volk umkomme. Jesus wurde in den Hof seines Hauses gebracht.

Alle Jünger Jesu aber ergriffen die Flucht. Nur einer von ihnen, Petrus, folgte Jesus von weitem und sah zu, wohin sie ihn führen würden.

Als man Jesus in den Hof des Hohenpriesters geführt hatte, ging auch Petrus dort hinein, um zu sehen, wie alles das enden würde. Und es erblickte Petrus eine Frau im Hofe und frug ihn: „Warst du etwa auch mit dem Jesus aus Galiläa?" Und Petrus erschrak und damit man ihn nicht mit Jesus zusammen vors Gericht stelle, sagte er: „Ich weiß nicht, was du sprichst."

Dann, als man Jesus ins Haus hineinführte, trat mit dem Volke auch Petrus in die Vorhalle ein. In der Vorhalle brannte ein Feuer und eine andere Frau wärmte sich daran. Als Petrus näher zum Feuer kam, betrachtete ihn diese Frau und sagte: „Es scheint, daß dieser Mensch mit dem Nazarener Jesus war." Petrus erschrak noch mehr und begann zu schwören, daß er niemals mit Jesus gewesen und gar nicht wisse, was für ein Mensch das sei.

Nach einer kleinen Weile traten zu Petrus noch andere Leute und sagten: „Aber, allem nach merkt man es, daß auch du einer der Rebellen bist. Der Sprache nach kann man ja erkennen, daß du ein Galiläer bist." Da schwur und beteuerte Petrus noch einmal, Jesus niemals gesehen zu haben. Und kaum hatte er das gesagt, krähte der Hahn. Und Petrus fielen die Worte Jesu ein: „Möglich, daß du mich heute noch vor Hahnenschrei, nicht einmal, sondern dreimal verleugnest." Dies fiel Petrus ein und er ging aus dem Hofe und weinte bitterlich.

(Matth. 26, 47–58; Joh. 18, 12–14; Matth. 26, 69–75.)

FRAGEN: 1. Was hat Judas getan und gesagt und was hat ihm

Jesus geantwortet? 2. Was hat Petrus getan und was sagte ihm Jesus? 3. Was sagte Jesus dem Volke? 4.·Was haben sie mit Jesus getan und wohin führten sie ihn? 5. Was begegnete Petrus, als er Jesus folgte?

48. |

Und es versammelten sich dann beim Hohenpriester die Ältesten und die Schriftgelehrten. Und als sie alle beisammen waren, führte man Jesus vor, und der Hohenpriester fragte ihn, worin seine Lehre bestehe und wer seine Jünger seien.

Jesus sagte: „Ich habe allezeit vor Allen alles gesagt und nichts vor irgend Jemand verborgen. Was fragst Du mich? Frage die, die meine Lehre gehört und begriffen haben, sie werden es dir sagen."

Als Jesus das gesagt hatte, versetzte ihm einer der Diener einen Schlag ins Gesicht und sagte: „Mit wem sprichst du? So antwortet man dem Hohenpriester?!"

Jesus sagte: „Falls ich übel geredet habe, sage dann, was es ist. Habe ich aber nichts Böses gesprochen, warum schlägst du mich?"

Der Hohenpriester und die Ältesten suchten Jesus einer Schuld zu zeihen, fanden aber keinen überführenden Beweis gegen ihn, auf Grund dessen sie ihn verurteilen könnten. Da suchten sie zwei falsche Zeugen, und diese Zeugen sagten aus, Jesus habe gesagt, er könne den Tempel abbrechen und in drei Tagen wieder errichten. Der Hohenpriester fragte nun Jesus: „Was entgegnest du darauf?" Jesus aber antwortete nicht. Darauf sagte der Hohenpriester zu ihm: „Nun so sage uns, ob du Christus, der Sohn Gottes bist?" Jesus sagte: „Ja, ich bin der Sohn Gottes."

Da schrie der Hohenpriester auf: „Du bist ein Gotteslästerer. Was brauchen wir noch weitere Beweise? Ihr alle habt gehört, wie er Gott lästert!" Und der Hohenpriester wandte sich zur Versammlung und sagte: „Nun habt ihr selbst gehört, daß er Gott lästerte. Zu welcher Strafe wollt ihr ihn dafür verurteilen?"

Und sie sagten: „Zum Tode."

Da fiel schon das ganze Volk samt der Wache über ihn her und sie spieen ihm ins Antlitz und schlugen ihn auf die Wangen. Sie hielten ihm die Augen zu, schlugen ihn ins Gesicht und fragten: „Nun denn, du Sohn Gottes, errate, wer dich schlug?" Jesus fuhr fort zu schweigen.

(Mark. 14, 53; Joh. 18, 19–23; Matth. 26, 59–68.)

FRAGEN: 1. Worüber hat der Hohenpriester Jesus befragt? 3. Was hatte ihm Jesus geantwortet? 3. Was tat einer der Diener? 4. Was sagte Jesus zu ihm? 5. Was sagten die falschen Zeugen aus? 6. Was fragte der Hohenpriester und was antwortete Jesus? 7. Was sagte der Hohenpriester und wie haben sie Jesus verurteilt? 8. Wie schmähten sie über Jesus?

49. |

Danach führten sie Jesus gefesselt zum römischen Statthalter Pontius Pilatus. Als sie ihn zu Pilatus brachten, trat der Statthalter auf die Vortreppe hinaus und sagte zu denen, die Jesus hingeführt hatten: „Wessen beschuldigt ihr diesen Menschen?" Sie antworteten: „Er ist ein Übeltäter, deswegen haben wir ihn hierhergebracht."

Pilatus sagte zu ihnen: „Wenn er ein Übeltäter ist, so richtet ihn selbst nach eurem Gesetz." Sie aber sagten: „Wir haben ihn deshalb zu dir gebracht, damit du ihn hinrichten läßt, denn wir dürfen niemanden mit dem Tode strafen."

Darauf befragte sie Pilatus abermals, wessen sie Jesus beschuldigten. Sie sagten, daß er das Volk aufwiegele, dem Kaiser Steuern zu zahlen verbiete und sich selbst König der Juden nenne.

Pilatus hörte sie an und befahl dann, Jesus ins Gerichtshaus zu führen.

Nachdem Jesus dahin geführt worden, fragte ihn Pilatus: „Bist du der Juden König?" Jesus sagte zu ihm: „Fragst du das aus dir selbst oder wiederholst du, was dir andere sagten?"

Pilatus sagte: „Ich bin kein Jude, die Deinigen aber haben dich mir ausgeliefert, weil du dich König nennst." Jesus sagte: „Ja, ich bin ein König, nur ist mein Königtum nicht von dieser Welt. Wenn ich ein irdischer König wäre, so hätten meine Untertanen für mich gekämpft und hätten mich nicht den Juden ausgeliefert. So aber siehst du, was sie mit mir getan haben. Mein Königtum ist nicht von dieser Welt."

Darauf sagte Pilatus: „Aber dennoch hältst du dich für einen König?" – Jesus sagte: „Ich lehre die Menschen die Wahrheit des Himmelreiches. Und wer in der Wahrheit lebt, der ist ein König."

Pilatus sagte: „Wahrheit? Was ist Wahrheit?"

Und Pilatus kehrte Jesus den Rücken und ging wieder hinaus zu den Juden und sagte zu ihnen: „Meiner Ansicht nach hat dieser Mensch nichts Böses getan und liegt kein Grund vor, ihn zu töten."

Aber die Hohenpriester bestanden auf ihrer Ansicht und sagten, daß er viel Böses gestiftet und das Volk aufwiegelt und ganz Judäa schon zum Aufruhr gereizt habe.

Daraufhin begann Pilatus vor den Hohenpriestern Jesus abermals zu verhören. Er sagte zu Jesus: „Siehst du, wie sie dich beschuldigen, – warum verteidigst du dich nicht?" Aber Jesus schwieg und sagte kein Wort mehr, so daß Pilatus sich über ihn wunderte.

Da fiel Pilatus ein, daß Galiläa in den Machtbereich des Herodes gehörte, und er fragte: „Ist er nicht aus Galiläa?" Sie sagten ihm, daß er in der Tat aus Galiläa sei. Da sagte Pilatus: „Wenn er aus Galiläa ist, so gehört er unter die Obrigkeit des Herodes." – Und um die Juden los zu werden, schickte er Jesus zum Herodes.

(Joh. 18, 28–38; Mark. 15, 3–5; Luk. 23, 6–7.)

FRAGEN: 1. Wie brachten sie Jesus zu Pilatus? 2. Was sagte Pilatus den Juden und was haben sie ihm gesagt? 3. Was sagte Pilatus zu Jesus und was antwortete ihm Jesus? 4. Was hat Pilatus den Juden gesagt und was haben sie ihm geantwortet? 5. Wie hat Pilatus den Jesus vor den Juden verhört? 6. Warum hatte er ihn zu Herodes geschickt?

„Was ist Wahrheit?" – Jesus vor Pilatus

Bildnis des russischen Künstlers und Tolstoi-Freundes
Nikolai N. Ge | Николай Николаевич Ге (1831-1894)
commons.wikimedia.org

50. |

Und sie hatten Jesus zu Herodes geführt. Herodes aber hatte vieles von Jesus gehört und freute sich, ihn zu sehen. Herodes rief Jesus zu sich und befragte ihn über alles, was er wissen wollte. Jesus aber antwortete ihm nichts. Aber die Hohenpriester und Schriftgelehrten taten ebenso wie vor Pilatus: sie verklagten Jesus auch vor Herodes auf allerlei Art und sagten, daß er ein Aufrührer sei. Herodes aber hielt Jesus für einen einfältigen Menschen und um sich über ihn lustig zu machen, ließ er ihm ein rotes Gewand anlegen und schickte ihn in diesem Spottgewand zu Pilatus zurück.

Als man zum zweitenmal Jesus zu Pilatus brachte, versammelte er wiederum die jüdischen Oberhäupter und sagte zu ihnen: „Ihr habt mir diesen Menschen da vorgeführt, weil er das Volk aufrührerisch mache, ich habe ihn in eurer Gegenwart verhört, finde aber nicht, daß er ein Aufrührer sei. Ich habe ihn mit euch zu Herodes gesandt, und sehet, auch dort wurde nichts Verderbliches an ihm gefunden. Und meiner Ansicht nach ist kein Grund da, ihn mit dem Tode zu strafen, wäre es also nicht besser, ihn zu züchtigen und freizulassen?"

Als sie das aber hörten, riefen sie alle: „Nein, strafe ihn nach römischer Art, kreuzige ihn!"

Pilatus hörte sie an und sagte: „Nun gut, jedoch von jeher ist es Sitte, daß man zum Passahfest einem Missetäter verzeiht. Nun ist ein zu Tode verurteilter Räuber da, Barabbas, und jetzt noch dieser da. Also einen von beiden kann man frei lassen. Wen soll ich also freilassen, Jesus oder Barabbas?"

Pilatus wollte Jesus befreien, aber die Hohenpriester hatten das Volk derart gestimmt, daß alle schrieen: „Den Barabbas, den Barabbas!" Da fragte Pilatus: „Und was soll ich mit Jesus machen?" Und sie riefen wiederum alle: „Nach Römerart, ans Kreuz mit ihm, ans Kreuz mit ihm!"

Pilatus wollte Jesus doch nicht hinrichten lassen und er begann wiederum, die Hohenpriester zu überreden, Jesus freizulassen. Er sagte: „Warum verfolgt ihr ihn so? Er hat nichts Böses begangen und es liegt kein Grund vor, ihn hinzurichten."

Aber die Hohenpriester und ihre Diener schrieen abermals: „Töte ihn, töte auf römische Art! Kreuzige, kreuzige ihn!"

Da sagte Pilatus zu ihnen: „Wenn es sein muß, so nehmt ihn hin und kreuzigt ihn selbst, ich aber finde keine Schuld an ihm."

Da sagten die Hohenpriester: „Wir verlangen, was das Gesetz vorschreibt. Nach dem Gesetz soll er hingerichtet werden, weil er sich Sohn Gottes nennt."

Als Pilatus dieses Wort hörte, wurde er irre, denn er wußte nicht, was das Wort „Sohn Gottes" bedeute.

Und nachdem er in das Gerichtshaus zurückkehrte, rief er wieder Jesus herbei und fragte ihn: „Wer bist du und woher stammst du?" Jesus aber antwortete ihm nicht. Pilatus sagte: „Warum antwortest du mir nicht? Siehst du denn nicht, daß du in meiner Macht bist und daß ich dich kreuzigen oder freilassen kann?"

Da sagte ihm Jesus: „Nein, du hast keine Macht über mich. Es gibt nur eine Macht von oben."

(Luk. 23, 8–16. 18; Matth. 27, 15–23; Joh. 19, 6–11.)

Fragen: 1. Wie hatte Herodes Jesus verhört und wie verhielt sich Jesus dabei? 2. Wie haben sie Jesus abermals vor Pilatus gebracht, was wollte Pilatus mit ihm tun und was wollten die Juden? 3. Wie wollte Pilatus Jesus beistehen und was verlangten die Juden? 4. Wie hatte Pilatus noch einmal Jesus verhört und was antwortete ihm Jesus?

51. |

Pilatus wünschte so sehr Jesus freizulassen, daß er abermals mit dem Volke zu reden begann und sagte: „Wie kommt denn das, daß ihr euren König kreuzigen wollt?"

Aber die Juden sagten: „Wenn du Jesus frei läßt, so bezeugst du damit, daß du ein untreuer Diener des Kaisers bist, weil derjenige, der sich für einen König ausgibt, ein Feind des Kaisers ist. Wir haben *einen* Kaiser, diesen aber schlage ans Kreuz!"

Als Pilatus diese Worte hörte, begriff er, daß er nicht umhin könne, Jesus hinzurichten, und er trat hinaus zu den Juden, wusch sich die Hände vor ihnen und sagte: „Ich wasche mir die Hände vom Blut dieses schuldlosen Menschen."

Und das Volk rief: „Sein Blut komme über uns und unsere Kinder."

Darauf befahl Pilatus, vorerst Jesus zu geißeln. Nachdem sie ihn gegeißelt hatten, legten ihm die Soldaten, die ihn geißelten, einen Kranz auf den Kopf und gaben ihm einen Stock in die Hand, und warfen ihm einen roten Mantel um und dann machten sie sich lustig über ihn. Sie beugten die Knie vor ihm zum Hohn und sagten: „Hei! dir, König der Juden!" Sodann schlugen sie ihn auf die Wangen und auf den Kopf und spieen ihm ins Gesicht. Und alle schrieen: „Kreuzige ihn! Unser König ist der römische Kaiser. Kreuzige ihn!"

Und darnach gab Pilatus den Befehl, Jesus zu kreuzigen. Sie zogen Jesus das rote Gewand aus, zogen ihm seine eigenen Kleider an und befahlen ihm, das Kreuz zu tragen nach dem Platz, der Golgatha heißt, um ihn daselbst zu kreuzigen. Und er trug sein Kreuz, und so kam er nach Golgatha. Und dort nagelten sie ihn ans Kreuz und noch zwei Menschen mit ihm. Jene zwei zu beiden Seiten, Jesus aber in ihrer Mitte. Jesus aber sprach: „Vater! Vergib ihnen, sie wissen nicht, was sie tun."

(Joh. 19, 12–18; Matth. 27, 24–31; Luk. 23, 34.)

FRAGEN: 1. Wie setzte sich Pilatus für Jesus ein und was antworteten ihm die Juden? 2. Was ordnete Pilatus an und was hat er mit Jesus getan? 8. Wie führten sie Jesus nach dem Schädelberg und wie haben sie ihn gekreuzigt?

52. |

Als Jesus bereits am Kreuze hing, umringte ihn daß Volk und spottete seiner. Die Leute näherten sich ihm, nickten mit den Köpfen und sprachen: „Du wolltest doch den Tempel in Jerusalem niederreißen und in drei Tagen wieder aufbauen, nun so hilf dir doch selbst, steige herab vom Kreuz!"

Und die Hohenpriester und Schriftgelehrten standen daneben und spotteten ebenfalls seiner und sagten: „Anderen hast du geholfen, dir selbst kannst du nicht helfen. Beweise, daß du Christus bist, steige herab vom Kreuz und wir wollen an dich glauben. Er hat gesagt, daß er Gottes Sohn sei und sagte, Gott werde ihn nicht verlassen. Hat ihn denn Gott jetzt nicht verlassen?"

Und das Volk, die Hohenpriester, die Soldaten schmähten ihn.

Dasselbe sagte auch einer der Räuber, die in einer Reihe mit ihm gekreuzigt waren: „Wenn du Christus bist, hilf dir und uns." Der andere Räuber aber hörte dies und sagte: „Fürchtest du nicht Gott, selbst hängst du am Kreuze für eine böse Tat und schmähst einen Unschuldigen. Wir beide werden mit Recht hingerichtet, dieser aber hat nichts Böses getan."

Um die neunte Stunde rief Jesus laut: *„Eli, eli, lama asabthani!"* Das heißt: „Mein Gott, mein Gott! warum hast du mich verlassen?"

Und als sie das im Volke hörten, begannen sie zu lachen und sagten: „Den Prophet Elias ruft er! Wir wollen sehen, ob Elias kommen wird."

Darnach bat Jesus zu trinken. Und ein Mann nahm einen Schwamm, tauchte ihn in Essig ein und reichte ihn Jesus auf einem Rohrstab. Jesus sog am Schwamme und sagte mit lauter Stimme: „Es ist vollbracht! Vater, in deine Hände befehle ich meinen Geist!" Und das Haupt neigend, gab er den Geist auf.

(Matth. 27, 39–44; Luk. 23, 39–41; Matth. 27, 46–49; Joh. 19, 28–30.)

FRAGEN: 1. Wie spotteten sie über Jesus? 2. Was sagte Jesus vor dem Tode?

ANHANG

„Leo Tolstoi mit Kindern"

Postkartenmotiv von Elisabeth Boehm, 1909
(commons.wikimedia.org)

Über religiöse Erziehung

(1899)

Leo N. Tolstoi

Ediert von Willy Lüdtke, 1929[1]

Gleich von jener Zeit an – vor 20 Jahren –, wo ich klar einsah, wie die Menschheit glücklich leben soll und kann und wie unsinnig sie, sich selbst quälend, Geschlecht auf Geschlecht zugrunde richtet, – rückte ich die ursprüngliche Ursache dieser Torheit und dieses Verderbens immer weiter und weiter zurück.

Zuerst stellte sich als diese Ursache die falsche ökonomische Organisation dar; darauf – die staatliche Vergewaltigung, die diese Organisation aufrechterhält; jetzt aber bin ich zu der Überzeugung gelangt, daß die fundamentale Ursache von allem – diese falsche religiöse Lehre ist, die von der Erziehung überliefert wird.

Wir sind so an diese religiöse Lehre gewöhnt, die uns umgibt, daß wir jene ganze Entsetzlichkeit, Dummheit und Grausamkeit nicht bemerken, von denen die Lehre der Kirche voll ist. – Wir bemerken sie nicht; aber die Kinder bemerken sie, und ihre Seelen werden unverbesserbar durch diese Lehre entstellt. Man braucht ja nur klar das zu begreifen, was wir tun, indem wir die Kinder das sogenannte Gesetz Gottes lehren[2], um sich zu entsetzen über das fürchterliche Verbrechen, das durch einen solchen Unterricht vollführt wird.

Ein reines, noch nicht betrogenes und noch nicht betrügendes

---

[1] Textquelle dieser Übersetzung | Leo N. TOLSTOJ: Über die religiöse Erziehung [1899]. In: L. N. Tolstoj: Ausgewählte Werke, herausgegeben von W[illy]. Lüdtke. Band XII.: Weltanschauung. Auswahl von W. Lüdtke. Wien / Hamburg / Zürich: Gutenberg-Verlag Christensen & Co. 1929, S. 113-116. [Vgl. →S. 189-192.]
[2] Religionsunterricht erteilen. (Der Übers.)

Kind kommt zu euch, zu einem Manne, der im Leben steht und das ganze Wissen, das zu unserer Zeit der Menschheit zugänglich ist, beherrscht oder beherrschen kann, und fragt nach jenen Grundlagen, von denen sich der Mensch in diesem Leben leiten lassen soll. Und was antworten wir ihm? Oft antworten wir sogar überhaupt nicht, sondern kommen seinen Fragen zuvor, so daß es schon eine suggerierte Antwort bereit hat, wenn seine Frage auftaucht.

Wir antworten ihm auf diese Fragen mit einer groben unzusammenhängenden, manchmal einfach dummen und vor allem grausamen hebräischen Legende, die wir entweder im Original oder (noch schlimmer) mit eigenen Worten überliefern. Wir erzählen ihm – indem wir ihm suggerieren, dies sei heilige Wahrheit – etwas, was, wir wissen es, nicht sein konnte und was für uns keinen Sinn hat: vor 6.000 Jahren hat ein seltsames, wildes Wesen, das wir Gott nennen, den Einfall gehabt, die Welt zu schaffen, hat sie und den Menschen geschaffen, und der Mensch hat gesündigt, der böse Gott hat ihn und uns alle dafür bestraft, dann losgekauft bei sich selbst durch den Tod Seines Sohnes; und unser hauptsächliches Geschäft besteht darin, diesen Gott zu begütigen und uns von jenen Leiden zu befreien, denen Er uns geweiht hat.

Uns scheint, daß dies nichts macht und sogar dem Kinde nützlich ist, und wir hören mit Befriedigung, wie es alle diese Entsetzlichkeiten wiederholt, ohne uns jene furchtbare Umwälzung vorzustellen – sie ist für uns unbemerkbar, weil sie eine geistige ist –, die sich dabei in der Seele des Kindes vollzieht. Wir glauben, die Seele des Kindes sei eine reine Tafel, auf die man alles schreiben könne, was man wolle.

Doch das ist nicht richtig, das Kind hat eine verworrene Vorstellung davon, jenes Prinzip des Alls, jene Ursache seiner Existenz sei auch eine Macht, in deren Gewalt es sich befinde; und es hat jene höchste, unbestimmte und mit Worten nicht auszudrückende, doch jedem Wesen bewußte Vorstellung von diesem Prinzip, die vernünftigen Menschen eigentümlich ist. Und plötzlich sagt man anstatt dessen, dies Prinzip sei nichts anderes als ein gewisses persönliches, borniertes und furchtbares böses Wesen – der hebräische Gott.

Das Kind hat eine verworrene und richtige Vorstellung von dem Zweck dieses Lebens, den es in dem Glück sieht, das durch die Liebesgemeinschaft der Menschen erreicht wird. Anstatt dessen sagt man ihm, der allgemeine Zweck des Lebens sei die Laune eines bornierten Gottes, und der persönliche Zweck eines jeden Menschen – das sei die Erlösung von den durch irgend etwas verdienten ewigen Strafen, Qualen, die dieser Gott allen Menschen auferlegt hat.

Jedes Kind hat auch das Bewußtsein davon, daß die Verpflichtungen des Menschen sehr kompliziert sind und auf sittlichem Gebiete liegen. Man sagt ihm anstatt dessen, seine Verpflichtungen lägen vorzugsweise in blindem Glauben, in Gebeten – dem Aussprechen gewisser Worte zu einer gewissen Zeit, im Schlucken einer kalten Suppe aus Wein und Brot, die Blut und Leib Gottes vorstellen soll.

Ich will gar nicht von den Bildern reden, den Wundern, den unmoralischen Erzählungen der Bibel, die als Beispiele von Verbrechen mitgeteilt werden, auch nicht von den evangelischen Wundern und von der ganzen unmoralischen Bedeutung, die der evangelischen Geschichte beigelegt wird. Das ist ja ganz ebenso, als wenn jemand aus dem Zyklus der russischen Heldenlieder mit Dobrynja, Djuk u. a., mit Hinzufügung von Jeruslan Lasarewitsch, eine ganze Lehre zusammenstellen und sie die Kinder als vernünftige Geschichte lehren würde.

Uns scheint dies unwichtig zu sein, und doch ist jener Unterricht in dem sogenannten Gesetz Gottes, der bei uns den Kindern erteilt wird, das entsetzlichste Verbrechen, das man sich nur vorstellen kann. Folterung, Mord, Vergewaltigung der Kinder – ist nichts im Vergleich mit diesem Verbrechen.

Die Regierung, die Regierenden, die herrschenden Klassen brauchen diesen Betrug: mit ihm ist unzertrennbar ihre Herrschaft verbunden, und deshalb treten die regierenden Klassen stets dafür ein, daß dieser Betrug an den Kindern vollführt und durch verstärkte Hypnotisierung der Erwachsenen aufrechterhalten wird. Leute aber, die nicht die Aufrechterhaltung der falschen gesellschaftlichen Organisation wünschen, sondern im Gegenteil ihre Abänderung, und die vor allem das Heil jenen Kindern wünschen, mit denen sie in Gemeinschaft treten, – müssen mit allen Kräften sich bemühen, die Kinder von diesem entsetzlichen Betruge zu befreien.

Und darum ist die vollkommene Gleichgültigkeit der Kinder gegen religiöse Fragen und die Verneinung jeglicher religiöser Formen, ohne irgendwelchen Ersatz durch eine positive religiöse Lehre, immerhin unvergleichlich besser als der hebräisch-kirchliche Unterricht, mag dieser auch in den vollendetsten Formen erteilt werden.

Mir scheint, für jeden Menschen, der die ganze Bedeutung der Überlieferung einer falschen Lehre als heiliger Wahrheit begriffen hat, kann es nicht fraglich sein, was er zu tun habe, wenn er auch gar keine positiven religiösen Überzeugungen hat, die er dem Kinde überliefern könnte. Wenn ich weiß, daß Betrug – Betrug ist, so kann ich unter keiner Bedingung dem Kinde, das mich naiv, vertrauensvoll fragt, sagen, der mir bekannte Betrug sei heilige Wahrheit. Es wäre besser, wenn ich richtig auf alle jene Fragen antworten könnte, auf welche die Kirche so verlogen antwortet; doch wenn ich dies nicht kann, so darf ich immerhin eine wissentliche Lüge nicht als Wahrheit ausgeben, da ich unzweifelhaft weiß, daraus, daß ich mich an die Wahrheit halte, könne nichts außer Gutem herauskommen. Aber außerdem – ist es nicht richtig, daß der Mensch nichts dem Kinde als positive religiöse Wahrheit zu sagen habe, die er bekenne. Jeder aufrichtige Mensch kennt jenes Gute, in dessen Namen er lebt. Mag er dies dem Kinde sagen oder dies ihm zeigen, und er tut Gutes und schadet sicherlich dem Kinde nicht.

Ich habe ein „*Die Christliche Lehre*" genanntes Büchlein geschrieben, in dem ich so einfach und klar wie möglich das sagen wollte, an was ich glaube. Dies Buch erwies sich als für Kinder unzugänglich, obgleich ich hauptsächlich Kinder im Auge hatte, als ich es schrieb.

Wenn ich sogleich einem Kinde das Wesen der religiösen

Lehre überliefern sollte, die ich für Wahrheit halte, so würde ich ihm sagen: wir sind in diese Welt gekommen und leben in ihr nicht nach unserm eigenen Willen, sondern nach dem Willen dessen, was wir Gott nennen, und deshalb wird es uns nur dann gut gehen, wenn wir diesen Willen erfüllen. Der Wille aber besteht darin, daß wir alle glücklich werden. Dafür aber, daß wir alle glücklich werden, gibt es nur *ein* Mittel: jeder muß mit den andern so verfahren, wie er wünschte, daß sie mit ihm verführen.

Auf die Fragen aber, wie die Welt entstanden sei, was uns nach dem Tode erwarte? würde ich antworten: auf die erste, mit der Anerkennung meiner Unwissenheit und der Unrichtigkeit dieser Frage (in der ganzen buddhistischen Welt gibt es diese Frage nicht); auf die zweite aber würde ich mit der Vermutung antworten, der Wille, der uns in dies Leben zu unserm Heil gerufen habe, führe uns irgendwohin durch den Tod, – wahrscheinlich zu demselben Ziel.

Moskau, 13. Dezember 1899.

————

Aus dem Kreis der Lesungen.

Die christliche Lehre ist so klar, daß kleine Kinder sie in ihrem wirklichen Sinn begreifen. Nur Menschen, die Christen scheinen und heißen, aber es nicht sein wollen, können sie nicht begreifen.

Der religiöse Unterricht ist die Grundlage der Erziehung.

Alle äußeren Veränderungen unseres Lebens sind unbedeutend im Vergleich mit den Veränderungen, die sich in unsern Gedanken vollziehen.

Über Bildung
und Erziehung

(1887-1901)

Leo N. Tolstoi

Deutsch von Dr. Nathan Syrkin[1]

VORREDE DES HERAUSGEBERS

Die Frage der Ausarbeitung eines neuen Erziehungs- und Unterrichtssystems für die Kinder steht gegenwärtig neben den anderen Reformbestrebungen der Menschheit, welche zur Erkenntnis der Notwendigkeit einer freien und gleichmäßigen Entwickelung des Lebens herangereift ist, auf der Tagesordnung. Schon seit langer Zeit ertönen Stimmen über die Unhaltbarkeit unseres Erziehungssystems in der Schule sowohl, wie zu Haufe, welches die Kinder nur äußerlich dressiert, nicht aber ihr Gemüt und ihren Charakter bildet und nur noch willenlose Neurastheniker oder rohe Egoisten und Streber hervorbringt. Jene glücklichen Naturen aber, welchen es gelingt, etwas Gutes davon zu bewahren, was ihnen die Natur geschenkt hat, haben es freilich nicht der Erziehung zu verdanken, sondern den äußeren Einflüssen und Eindrücken des wirklichen Lebens.

Wieviel seelische Qualen unsere junge Generation zu erdulden hat, weiß wohl jeder, in welchem das Gefühl für das Gute und Wahre nicht ganz ausgerottet ist, aus seinen eigenen persönlichen Erlebnissen. Die Geschenke und die Strafen, die Großziehung der Eitelkeit und die Abschreckung, die künstlich hervorgerufene Konkurrenz, der gedankenlose Gehorsam, die Ein-

---

[1] Textquelle | Leo N. TOLSTOI: Ueber Bildung und Erziehung. Deutsch von Dr. N[athan]. Syrkin. Berlin: Hugo Steinitz Verlag 1902. [80 Seiten]

schränkung – der Freiheit, die langweiligen Zurechtweisungen, die religiöse Heuchelei und die abtötende Disziplin, – das sind die Hauptmittel der modernen Erziehung zu Hause sowohl, wie in der Schule, namentlich aber in den intelligenten und reichen Familien.

Gegen diese Routine erhebt sich L. N. Tolstoi, welcher von frühester Jugend an die ganze Lüge der modernen Erziehung und Bildung erkannt und sich darüber zum erstenmal in seinen großartigen Artikeln „Über die Volkserziehung" (1862) ausgesprochen hat. Diese Abhandlungen, welche, wie allgemein bekannt ist, die Frucht seiner pädagogischen Thätigkeit unter den Bauern auf dem Lande sind, setzten damals, durch die darin enthaltene Neuheit und Überzeugungskraft des Gedankens, die ganze russische Gesellschaft in Erstaunen. Diejenigen, welche mit den Leuten in Berührung gekommen sind, die sich mit der Sache der Volksaufklärung befassen, wissen es wohl, welchen Einfluß die Ansichten Tolstois über die Erziehung und den Umgang mit Kindern, wie sie in diesen Abhandlungen, sowie in seinen Dichtungen („Kindheit, Knabenalter und Jugend", „Krieg und Frieden", „Anna Karenina") zum Ausdruck gekommen sind, auf sie hatten. Welche Rolle nun L. N. Tolstoi dem Einflusse der Frauen auf die Entwickelung der wahren Aufklärung zuschreibt, wissen wir aus seinem warmen Appell an die mütterliehen Frauen in seinem Werke: „Was sollen wir also thun?"

Sein ganzes Leben hindurch interessierte sich Tolstoi für die Frage der Erziehung, sowie für alles, was die Kinderwelt angeht. Mit Freuden und Schmerzen arbeitete er seine Ansichten über diesen Gegenstand aus, indem er in Briefen, Tagebüchern und Gesprächen mit seinen Freunden die Ergebnisse seiner Beobachtungen und Betrachtungen auseinandersetzte. Das liebevolle Eindringen in den Gegenstand der Untersuchung, in diesem Falle in die Seelenwelt des Kindes und die Beziehungen der Erwachsenen zu ihnen, verleiht seinem Worte eine ungeheure Überzeugungskraft und durfte ihm die Herzen derjenigen gewinnen, welche aufrichtig ein freieres und besseres Los für die heranwachsenden Generationen wollen. Diejenigen Menschen, welche Tolstoi für das viele, das er ihnen gegeben hat und noch giebt, Dank wissen, werden zweifellos auch die Ansichten des größten modernen Seelen- und Lebenskenners über die Erziehung mit Freuden kennen lernen.

Gegenwärtig, wo die Frage über die „freie Schule" in der ausländischen Presse diskutiert wird und auch beim russischen Publikum ein Interesse hervorgerufen hat, – müssen wir alle, namentlich aber die Mütter und Erzieher, die nach neuen Lebenspfaden für sich und ihre Kinder suchen, den Ansichten Tolstois zuhören, wenn sie auch noch so unvollendet und fragmentarisch sind. Die hier gesammelten Gedanken bieten nur noch Andeutungen und unzusammenhängende Entwürfe; diesen Strichen aber kann man weiter nachgehen, das Gebiet theoretisch und praktisch in den Einzelheiten ausarbeiten … Und es lohnt wohl, sich dieser großen Sache zu widmen.

Für Tolstoi sind Erziehung und Religion eng miteinander verbunden und vom Leben selbst untrennbar. Um zu verstehen, wie man besser zu leben habe, muß vorerst jeder Mensch seine Beziehung zum höchsten Urquell, der ihm Leben und Vernunft gegeben hat, sowie zu seinem Nächsten bestimmen. Um aber das Leben der künftigen Generationen besser, freier und liebevoller einzurichten, als es das unsrige ist, müssen wir uns selbst erziehen, oder vielmehr neu, gemäß unserer neuen Lebensauffassung, erziehen, und gleichzeitig durch unser Beispiel die eigenen und die fremden Kinder auf das Richtige leiten.

Darin besteht denn auch die wahre Aufgabe „der Aufklärung", wie sie Tolstoi versteht.

———

Mit dem Gegenstande der vorliegenden Schrift ist auch die Frage über die wahre Bedeutung der Wissenschaft überhaupt eng verknüpft. Allein L. N. Tolstoi sagte soviel darüber, daß wir es für zweckmäßiger erachteten, dieses Material für eine besondere Ausgabe zurückzulegen.

In dieser Sammlung bringen wir alle diejenigen Gedanken L. N. Tolstois zum Abdruck, welche sich unmittelbar auf die Erziehung und Bildung der Kinder beziehen, wie wir sie aus den Privatbriefen und Tagebüchern Tolstois in der Periode 1887 – 1901 zu sammeln vermochten. Das erste größte Fragment ist eine wegen der Krankheit des Autors leider nicht vollendete Abhandlung, welche ursprünglich den Inhalt eines Briefes an seine Freunde (P. J. und P. N. Birjukow) im Jahre 1901 bildete. Da Lew Nikolajewitsch sich überzeugt hat, daß er in der nächsten Zeit wohl kaum der weiteren Bearbeitung und Fortsetzung der Abhandlung näher treten wird, gab er uns die Erlaubnis, jene in der vorliegenden Form zu benutzen, wofür ihm alle Leser derselben zweifellos ebenso Dank wissen werden wie wir selbst.

A. Tschertkow.

I.

Die Grundlage alles menschlichen Lebens ist die religiöse Lebensauffassung. Auf der Grundlage der Religion bildet sich das ganze Leben des Menschen und auf sie wird seine ganze Thätigkeit gelenkt. Es ist darum begreiflich, daß die Erziehung, d. h. die Vorbereitung der Menschen zum Leben und zur Thätigkeit – auf Religion beruhen muß.

In unserer sogenannten Kulturwelt aber ist die Religion weder die Grundlage der Erziehung, noch gilt sie überhaupt als ein wichtiger und nötiger Unterrichtsgegenstand, sondern gehört zu den allerletzten, unnützen Dingen, und wird, wie die Überbleibsel des Altertums (woran niemand ernst glaubt), nur anstandshalber in den Schulen gelehrt. Es ist begreiflich, daß unter solchen Bedingungen die Erziehung keine vernünftige, sondern nur noch eine verkehrte sein kann, und daß man bei den Erziehungsfragen alles vom Anfang beginnen muß.

Die Grundlage der Erziehung müßte eine solche Religionslehre sein, die mit dem Aufklärungsgrad der Menschen ohne Unterschied der Nationalität und Lebenslage in Übereinstimmung wäre.

Diese Religionslehre kann weder der Katholizismus, noch die Orthodoxie, noch der Protestantismus, noch der Mohamedanismus, noch das Judentum oder der Buddhismus sein, welche sich auf den Glauben an gewisse Propheten stützen, sondern nur noch jene Lehre, deren Wahrheit aus der Vernunft, dem Herzensdrange und der Lebenserfahrung eines jeden Menschen hervorgeht. Diese Lehre ist die christliche Lehre in ihrer einfachsten und vernünftigsten Ausdrucksform. Die religiöse Grundlage unseres religiösen Lebens besteht darin, daß unser Leben keinen anderen Sinn hat, als die Erfüllung jenes unendlichen Urquells, als dessen Teil wir uns erkennen; der Wille dieses Urquells aber besteht in der Einigung aller Lebewesen, in der Brüderlichkeit aller Menschen untereinander, in ihrem gegenseitigen Dienst.

Die Einigung und der gegenseitige Dienst sind der Sinn und das Werk des Lebens, denn so ist der Wille jenes Urquells, welcher die Welt regiert, leitet und die Grundlage unserer Existenz bildet. Die ganze Thätigkeit der Erziehung darf nicht nur auf dieser Grundlage beruhen, sondern sich auch von derselben leiten lassen: alles, was in der Erziehung zur Einigung der Wesen, zur Verbrüderung der Menschen beiträgt, muß gefördert, alles Trennende aber muß beseitigt werden. Alles dasjenige, was diesem Ziele mehr dienlich ist, muß vorangesetzt werden, was weniger dienlich ist, dahinter.

Was aber ist die Erziehung, und worin besteht sie?

Um diese Frage genau zu beantworten, muß man vorerst die Eigenschaften der menschlichen Thätigkeit überhaupt bestimmen.

Es ist dies eine Eigentümlichkeit jeglicher Thätigkeit – und die Psychiater wissen es wohl –, daß der Mensch, wenn er sich im Zustande der Hypnose oder des Idiotismus befindet, d. h. keine inneren Thätigteitsmotive hat, sich der ersten Eingebung unterwirft und entweder das Geschehene nachahmt, oder das von ihm selbst Gethane wiederholt. Wenn ihm gesagt wird, daß er gehen soll, geht er ohne aufzuhören, und bewegt, an der Wand angelangt, die Beine so, als ob er ginge. Reicht man ihm einen Löffel an den Mund, so wird er den Löffel fortwährend an den Mund bringen, bis man ihn davon zurückhält. So handeln die Hypnotisierten oder die Idioten; aber auch alle gesunden Menschen haben die Eigenschaft, der fremden oder eigenen Eingebung zu gehorchen. Wenn wir ein Wort mehrmals wiederholen, dann aber unsere Aufmerksamkeit abwenden, so werden wir dasselbe Wort unbewußt weiter wiederholen. Dasselbe ist auch mit den Handlungen der Fall. Und diese Eigentümlichkeit, die beim Idioten eine so klägliche ist, ist sonst eine für die Menschen sehr wichtige und nötige Eigenschaft. Wenn der Mensch über seine Handlung nachdenken müßte, so würde er sich nicht dem

Gange seiner Gedanken hingeben, und die Fragen der Wissenschaft und des Lebens lösen können. Die Fähigkeit, sich der Eingebung der anderen Menschen, sowie seiner eigenen zu unterwerfen, giebt dem Menschen die Möglichkeit zu denken.

Jeder von uns führt nur einen kleinen Teil seiner Handlungen bewußt aus, während er sonst nach eigener oder fremder Eingebung handelt. Je stärker der Mensch geistig ist, desto weniger ist er der fremden Eingebung unterworfen, sondern unterliegt der eigenen Eingebung, und umgekehrt. Abgesehen von der angeborenen größeren oder geringeren Geisteskraft des Menschen, unterwirft er sich destoweniger den fremden Einflüssen, je älter er ist, und destomehr, je jünger er ist.

Auf dieser Eigenschaft der Menschen beruht die Erziehung.

Die Fähigkeit der Kinder, leicht suggeriert zu werden, liefert sie der vollständigen Macht der Erwachsenen aus, und es ist darum klar, welchen großen Wert es für die Kinder hat, daß sie nicht falschen und schlechten, sondern nur wahren und guten Eingebungen unterworfen werden.

Alles das, woraus die Erziehung zusammengesetzt wird, – aus Gebeten, Fabeln, Mathematik, Tanz, bis zur moralischen Beurteilung der fremden und eigenen Handlungen, wird durch die Eingebung eingeprägt. Alles, was wir die Kinder mit Absicht lehren, wie die Wissenschaften und das Handwerk, – ist bewußte Suggestion; alles das, was die Kinder nachahmen, – namentlich auf dem Gebiete unserer Handlungen, die sie als gut oder schlecht abschätzen, – ist unbewußte Suggestion.

Die bewußte Suggestion ist die sogenannte Bildung; die unbewußte Suggestion ist dasjenige, was allgemein Erziehung genannt wird, ich aber Aufklärung nenne, zum Unterschiede von dem allgemeinen Begriff Erziehung, welche sowohl die eine, wie auch die andere Suggestion in sich einschließt.

Auf die Bildung sind in unserer Gesellschaft alle Kräfte gerichtet, die Aufklärung aber ist vernachlässigt, weil unser Leben schlecht, d. h. unaufgeklärt ist.

Für gewöhnlich verbergen die Erwachsenen ihr Leben vor den Kindern, indem sie sie in besondere Anstalten (Korps,

Institute u.s.w.) stecken, oder aber sie übertragen alles das, was unbewußt vor sich gehen dürfte, in das Gebiet des Bewußten; sie schreiben religiöse und sittliche Vorschriften vor, wobei man aber hinzufügen muß: *fais ce que je dis, mais ne fais pas ce que je fais*.[2] Daher kommt es, daß in unserer Gesellschaft die Bildung so weit fortgeschritten ist, während es an einer wahren Aufklärung geradezu mangelt. Wenn sie noch irgendwo anzutreffen ist, dann nur in armen Arbeiterfamilien, wenn die Mitglieder dieser Familien nicht die Opfer der Armutslaster geworden sind. Von den beiden Formen der Einwirkung ist aber zweifellos für die Einzelnen sowohl, wie auch für die Gesamtheit die unbewußte moralische Aufklärung wichtiger.

Da lebt eine Rentier-, Gutsbesitzer-, Beamten-, Künstler-, Schriftstellerfamilie, lebt nach den bürgerlichen Tugenden, ohne zu trinken, auszuschweifen, sich zu zanken und die Menschen zu beleidigen, hält sich für sittlich und will auch den Kindern eine sittliche Erziehung angedeihen lassen. Trotz des aufrichtigen Wunsches und Strebens gelingt es aber niemals. Es gelingt dies aber darum nicht, weil das unsittliche Leben der Familie, welche unbrüderlich die Arbeit der anderen Menschen ausnutzt, von den Erwachsenen zwar, weil sie sich daran gewöhnt haben, unbemerkt bleibt, den Kindern aber schroff auffällt und ihre Vorstellungen vom Guten verdreht. Die Kinder hören die Vorschriften über Moral, über Menschenachtung, allein sie eignen sich nur die Regel an, daß die einen Menschen dazu berufen sind, die Stiefeln und die Kleider zu beschmutzen, die andern, sie zu reinigen, die einen, die Speisen zu bereiten, die andern, sie zu essen u.s.w. Es ist ebenso unmöglich, den Kindern, die in einer solchen Umgebung leben, einen wahren Begriff der Sittlichkeit einzuprägen, wie ein Kind, welches um sich herum nur Trinker sieht und welchem man zu trinken giebt, in Liebe zur Nüchternheit zu erziehen. Das Kind fühlt die Gradation, das spezifische Gewicht der Tugend, es sieht klar, was die Erwachsenen nicht mehr sehen, daß die Grundlage aller Tugenden die Brüderlichkeit aller

---

[2] [Tue, was ich sage; aber tue nicht, was ich tue.]

Menschen ist. Wenn aber diese Brüderlichkeit dadurch aufgehoben ist, daß man ihm für Geld eine Bonne [*Hausgehilfin*] und ein Dienstmädchen zuteilt und sie ihren Familien entreißt, so beschließt es sicher, wenn auch unklar, daß alle übrigen Tugenden unnötig sind und glaubt an nichts mehr.

Keine religiösen oder moralischen Vorschriften werden die Kinder der Leute, welche für das Geld und aus der Arbeit ihrer Mitmenschen leben, von der unbewußten Eingebung befreien, die sie ihr ganzes Leben hindurch beherrscht und alle ihre Urteile über die Erscheinungen des Lebens auf den Kopf stellt.

Damit also die unbewußte Suggestion, d. h. die Erziehung, eine gute, moralische sei, muß das Leben der Erzieher ein gutes sein. Und zwar müssen nicht einige Einzelheiten dieses Lebens, sondern ihre Grundlage sittlicher Natur sein. Das tadelloseste Leben von Mördern, welche von den Früchten des Mordes leben, kann keinen moralischen Einfluß auf die in ihrer Mitte erzogenen Kinder ausüben. Nun wird man aber fragen: welches Leben ist ein sittliches?

Die Stufen der Moral sind unendlich, ein Hauptzug aber ist jeglichem sittlichem Leben eigen, und das ist das Streben zur Vervollkommnung durch die Liebe. Wenn das bei den Erziehern vorhanden ist und die Kinder davon angesteckt sind, so wird die Erziehung keine schlechte sein.

Damit die Erziehung der Kinder eine erfolgreiche sein soll, müssen sich die Erzieher selbst erziehen, sich immer mehr gegenseitig helfen, um das zu verwirklichen, wonach sie streben. Dazu kann es, außer der Arbeit eines jeden Menschen an seiner Seele, sehr viel Mittel geben. Diese muß man suchen, anwenden, erstreben. Ich denke, daß der Kriticismus, welcher bei den Perfektionisten in Gebrauch ist, ein gutes Mittel ist. Es ist gut, die unglücklichsten Menschen, welche physisch und moralisch von sich abstoßen, aufzusuchen und ihnen zu dienen. Es ist gut, denke ich, mit den Feinden, die uns hassen, zusammenzukommen. Das schreibe ich aufs Geratewohl *au courant de la plume*, ich denke aber, daß es ein ganzes und wichtiges Wissenschaftsgebiet ist, welches in unserer Zeit ganz vernachlässigt wird, für die

Erziehung aber notwendig ist. Wenn wir nur die Bedeutung dieser Seite der Erziehung erkennen würden, so würden wir sie auch ausarbeiten. (Das sind Andeutungen auf die eine Seite der Sache – Erziehung.)

Das ist in allgemeinen Zügen dasjenige, was ich von der Erziehung denke. Und das sind keine allgemeinen Betrachtungen, welche nur Worte bleiben sollen. Erkennen wir aber die Wahrheit dessen an, so werden wir zweifellos mit allen uns zu Gebote stehenden Kräften die Mittel auszuarbeiten suchen, um die Erziehung der Erwachsenen zu immer größerer Vollkommenheit zu ermöglichen.

Diese Mittel sind vorhanden und man braucht sie nur zu einer Einheit zu bringen. Wenn wir nur einsehen werden, daß es eine wichtige Wissenschaft ist, so werden wir auch die Mittel finden können, um dieselbe zu begründen und zu entwickeln.

Soviel über die Erziehung.

Jetzt wende ich mich der Frage der Bildung zu.

Von der Bildung denke ich folgendes: Die Bildung oder überhaupt die Wissenschaft ist ja nichts anderes als die Mitteilung dessen, was die klügsten und besten Männer auf den verschiedenen Gebieten gesagt und gedacht haben. Die klugen und guten Menschen dachten und drückten ihre Gedanken in drei verschiedenen Richtungen aus:

1. in der religionsphilosophischen Richtung: indem sie sich über den Wert des allgemeinen und des persönlichen Lebens ausließen (Religion und Philosophie);

2. in der empirischen Richtung: indem sie aus den Beobachtungen Schlußfolgerungen zogen (Naturwissenschaften, Mechanik, Physik, Chemie, Physiologie);

3. in der logischen Richtung: indem sie Schlußfolgerungen aus den Voraussetzungen ihres Gedankens machten (Mathematik und mathematische Wissenschaften).

Diese drei Typen der Wissenschaften genügen dem Kriterium der menschlichen Verbrüderung, sie sind alle kosmopolitisch und allen Menschen zugänglich. Alle diese Wissenschaften sind wirkliche Wissenschaften, bei welchen es kein Halbwissen geben kann, – entweder man beherrscht sie oder nicht. Alle Wissenschaften aber, welche diesen Forderungen nicht genügen, wie die theologischen, juristischen und speziell historischen, sind schädliche Wissenschaften und müssen ausgeschlossen werden.

Außerdem, daß es drei Gebiete der Wissenschaften giebt, sind auch drei Formen der Mitteilung dieser Wissenschaften vorhanden.

Die erste gebräuchlichste Form ist die der wörtlichen Wiedergabe in verschiedenen Sprachen, sodaß noch eine Wissenschaft, die Sprachwissenschaft, – gemäß dem Kriterium der Menschenverbrüderung – entsteht. (Vielleicht ist auch der Unterricht des Esperanto notwendig, wenn Zeit dazu da ist.)

Die zweite Form ist die plastische Kunst, wie die Malerei und Bildhauerei, die Wissenschaft darüber, wie man das Wissen durch den Gesichtssinn mitteilt.

Die dritte Form ist die Musik, der Gesang, die Wissenschaft darüber, wie man die Stimmung, das Gefühl wiedergibt.

Außer diesen sechs Unterrichtszweigen muß noch ein siebentes eingeführt werden, der Unterricht in einem Handwerk, und zwar wiederum gemäß dem Kriterium der Brüderlichkeit, in einem gemeinnützigen Handwerk: in der Tischlerei, Zimmerei, Schneiderei. …

Der Unterricht zerfällt somit in sieben Gegenstände. Wieviel Zeit man für jeden Gegenstand, nach Abzug der für die Selbstbedienung nötigen Arbeit, verwenden muß, hängt ganz von der Neigung jedes Schülers ab.

Ich stelle mir die Sache folgendermaßen vor: die Erzieher verteilen die Stunden unter sich, die Schüler aber können nach Belieben kommen oder nicht.

So seltsam das uns auch vorkommen mag, so ist doch die vollständigste Unterrichtsfreiheit, d. h. daß der Schüler oder die Schülerin nur auf eigenen Antrieb zum Unterricht kommen, eine *conditio sine qua non* jedes fruchtbaren Unterrichts, ebenso wie es die *conditio sine qua non* der Ernährung ist, daß der sich Ernährende essen will. Der Unterschied besteht nur darin, daß in den materiellen Dingen der Schaden aus der Verletzung der Freiheit sofort zum Vorschein kommt, indem sich sofort Erbrechen oder Bauchschmerzen einstellen; bei den geistigen Dingen aber die schädlichen Folgen nicht sofort, sondern vielleicht erst nach Jahren zum Vorschein kommen.

Nur bei der absoluten Freiheit kann man die besten Schüler bis zu den Grenzen bringen, welche sie erreichen können, ohne daß sie von den Schwachen aufgehalten werden. Diese besten Schüler sind aber die allernützlichsten. Nur bei der Freiheit kann die allgemeine Erscheinung vermieden werden, daß die Schüler die Gegenstände verabscheuen, die sie sonst vielleicht lieben würden; nur bei der Freiheit kann man erfahren, zu welchem Fach der Schüler die Neigung hat; nur die Freiheit verletzt nicht den Einfluß der Erziehung. Widrigenfalls sage ich dem Schüler, daß man im Leben keine Gewalt anwenden solle, vergewaltige ihn selbst aber geistig.

Wohl weiß ich, daß es schwer ist, allein jede Abweichung von der Freiheit ist für das Werk der Bildung schädlich. Am Ende ist es gar nicht so schwer, wenn man sich fest entschlossen hat, keine Dummheiten zu thun.

Ich denke mir, daß man es folgendermaßen machen muß: A. erteilt Unterricht in Mathematik von 2 bis 3, B. unterrichtet von 3 bis 5 in Zeichnen u.s.w. Und die Allerkleinsten? wird man fragen. Die allerkleinsten Kinder lieben die Ordnung, d. h. sie unterliegen der Hypnose der Nachahmung: Gestern war nach der Mittagsstunde Unterricht und heute verlangt das Kind zu derselben Zeit wiederum darnach.

Im allgemeinen stelle ich mir die Verteilung der Zeit und der Gegenstände auf folgende Art vor: Insgesamt ist der Mensch 16 Stunden wach. Die Hälfte davon bestimme ich für die Erziehung, im engeren Sinne für die Aufklärung, d. h. die Arbeit für sich, die Familie und die Mitmenschen, die Arbeit für Reinigen, Tragen, Kochen, Hauen u.s.w., wobei Zwischenpausen je nach dem Alter für Spiel und Ruhe eingeschoben werden.

Die zweite Hälfte bestimme ich für das Lernen, wobei ich es dem jungen Menschen überlasse, einen der sieben Gegenstände nach Herzensneigung zu wählen. Ich schreibe dieses alles, wie

Sie sehen, nur nachlässig nieder, hoffe aber mit Gottes Hilfe es noch umzuarbeiten.

Ich will noch etwas hinzufügen über Zeichnen und Musik. ... Der Klavierunterricht ist das schroffe Zeichen der falschen Erziehung. Im Zeichnen sowohl, wie auch in der Musik müssen die Kinder so unterrichtet werden, daß sie die allerzugänglichsten Mittel anwenden (im Zeichnen – die Kreide, Kohle, den Bleistift, in der Musik – die eigene Kehle). Das ist der Anfang. Wenn aber später –·was sehr zu bedauern ist – einige eine besondere Veranlagung bekunden, so kann man auch Ölfarben oder teuere Musikinstrumente in Anwendung bringen.

Um in den Grundprinzipien der Malerei und Musik zu unterrichten, giebt es, wie ich weiß, gute neue Anleitungen.

Von den Sprachen soll man so viele als möglich lernen, und zwar die französische, unter allen Umständen die deutsche, die englische und womöglich auch Esperanto. Der Unterricht muß so vor sich gehen, daß man ein dem Inhalte nach bekanntes Buch zu lesen vorleget und den allgemeinen Sinn zu verstehen suchet, wobei hin und wieder auch den Vokabeln, Wortwurzeln und grammatikalischen Formen die Aufmerksamkeit zugewendet werde.

[1901]

II.[3]

Über die Erziehung habe ich viel nachgedacht. Es giebt Fragen, bei welchen man zu zweifelhaften Antworten kommt, und wiederum Fragen, deren Ergebnisse endgültige sind, an welchen man nichts ändern und welchen man nichts hinzufügen kann. Das sind die Ergebnisse, zu welchen ich bei der Frage über die Erziehung gekommen bin. Es sind folgende:

Die Erziehung ist eine verwickelte und schwere Sache, solange wir die Kinder erziehen wollen, ohne uns selbst zu erziehen. Sobald wir aber begreifen, daß wir die anderen nur durch uns selbst erziehen können, verschwindet die Frage über die Erziehung und es bleibt nur noch die Frage über das Leben: Wie sollen wir selbst leben? Ich kenne keine einzige Handlung der Erziehung, welche nicht die Selbsterziehung enthält. Wie sollen wir die Kinder erziehen, ernähren, schlafen legen, unterrichten? Ebenso wie uns selbst. Wenn der Vater und die Mutter mäßig essen, schlafen, sich bescheiden kleiden, arbeiten und lernen, so werden auch die Kinder dasselbe thun.

Zwei Regeln würde ich zur Erziehung geben: immerwährend an seiner eigenen Vervollkommnung zu arbeiten und nichts aus dem eigenen Leben vor den Kindern verborgen zu halten. Es ist besser, daß die Kinder die Schwächen ihrer Eltern kennen, als daß sie fühlen sollten, daß ihre Eltern ein doppeltes Leben führen. Alle Schwierigkeiten der Erziehung kommen davon, daß die Eltern nicht nur ihre Fehler nicht gut machen, sondern dieselben nicht einmal zugeben, bei ihren Kindern dagegen die Fehler wohl sehen. Darin liegt die ganze Schwierigkeit und der ganze Kampf mit den Kindern. Die Kinder sind moralisch viel entwickelter als die Erwachsenen; ohne es zu bekunden, mitunter sogar ohne es selbst zu fühlen, sehen sie nicht nur die Fehler ihrer Eltern, sondern auch den allerschlimmsten Fehler der Eltern, die Heuchelei, und verlieren jede Achtung vor ihnen und jedes Interesse für ihre Vorschriften.

Die Heuchelei der Eltern bei der Kindererziehung ist die

---

[3] Auszüge aus den Briefen und Tagebüchern für die Jahre 1887-1901.

allergebräuchlichste Erscheinung; die empfindlichen Kinder bemerken sie sofort, wenden sich von ihnen ab und werden verdorben. Die Wahrheit ist die erste Grundbedingung aller geistigen Einwirkung und ist darum die erste Bedingung der Erziehung. Damit wir aber den Kindern die ganze Wahrheit unseres Lebens zeigen können, müssen wir unser Leben gut oder mindestens weniger schlecht gestalten. Die Erziehung der andern ist darum in der Selbsterziehung enthalten, die nun auch alles ist.

———

Die Erziehung ist die Einwirkung auf die Herzen derjenigen, die wir erziehen. Man kann aber nur durch die Hypnotisierung, durch das ansteckende Beispiel einwirken. Das Kind sieht, daß ich zornig werde und die Menschen beleidige, daß ich die andern das thun lasse, was ich selbst thun kann, daß ich sinnlich bin, für die andern nichts thue und nur noch Vergnügungen nachjage, daß ich stolz und eitel bin, den Leuten böses nachrede, heuchle und falsch bin u.s.w. oder aber das Kind sieht von meiner Seite Demut, Fleiß, Selbstausopferung, Enthaltsamkeit, Wahrhaftigkeit, und es wird von diesen oder jenen Handlungen hundertmal stärker beeinflußt, als von den beredsamsten und vernünftigsten Belehrungen. Die ganze Erziehung oder 0,999 [sic (99,9 % ?)] der Erziehung wird demnach auf das Beispiel und die Selbstvervollkommnung zurückgeführt.

Somit wird der Mensch bei der Erziehung der Kinder von außen zu demselben Punkte gebracht, wozu er von innen aus angetrieben ward. Was wir zuerst für uns selbst wollten, ohne eigentlich den wahren Grund zu kennen, ist uns nunmehr im Interesse der Kinder geboten.

Von der Erziehung verlangt man gewöhnlich zuviel und zuwenig. Es ist unmöglich, von den Zöglingen zu verlangen, daß sie dies oder jenes erlernen, gebildet werden, ebenso unmöglich, wie daß sie moralisch werden. Wohl können aber die Erwachsenen an der Verdorbenheit der Kinder unschuldig bleiben, das ganze Leben hindurch auf sie einwirken und sie durch das

Beispiel des Guten anstecken. Ich denke, daß es nicht nur schwer, sondern unmöglich ist, die Kinder gut zu erziehen, wenn man selbst schlecht ist, und daß die Kindererziehung nur die Selbstvervollkommung ist, zu welcher niemand soviel beiträgt, wie die Kinder selbst. Ebenso wie das Verlangen der Menschen, welche rauchen, trinken, zuviel essen, nicht arbeiten und die Nacht in den Tag verwandeln, das Verlangen, daß der Arzt ihre Gesundheit herstelle, lächerlich ist, ist auch das Verlangen der Menschen lächerlich, welche wissen vollen, wie sie ihren Kindern eine moralische Erziehung geben sollen, während sie selbst unmoralisch sind. Die ganze Erziehung besteht in der immer größeren und größeren Erkenntnis der eigenen Fehler und der Selbstbefreiung von ihnen. Das kann nun jeder in jeder Lebenslage thun. Und das ist auch das mächtigste Werkzeug, welches der Mensch hat, um auf die anderen Menschen und die Kinder einzuwirken. *Fais ce que dois, advienne que purra*[4] – bezieht sich in erster Reihe auf die Erziehung.

————

Beide Fragen, die über die Erziehung, sowie die über unser Verhältnis zu den Mitmenschen, laufen nur noch auf die eine Frage hinaus, wie wir uns den Menschen gegenüber zu verhalten haben, ob wir Eigentum besitzen dürfen, ob wir das Recht haben, die Menschen in gute und schlechte einzuteilen. Wenn diese Frage gelöst ist und das Leben des Vaters dieser Lösung gemäß gestaltet ist, so ist in diesem Leben des Vaters die gesamte Erziehung der Kinder erhalten. Das Wissen der Kinder ist nur noch eine nebensächliche Sache. Wenn das Kind eine Veranlagung für irgend etwas hat, so wird das Kind es unter allen Umständen erlernen. Die sogenannte Bildung aber enthält mehr als zur Hälfte Betrug und Böses, und je mehr man sich von dieser Bildung (welche in unsern Unterrichtsanstalten eingeprägt wird) fern hält, desto besser ist es für das Kind. Die ganze Frage besteht nur noch

---

[4] [Tue, was du tun sollst (musst), komme was da wolle.]

darin, wie der Vater die Frage des praktischen Lebens für sich löst.

————

Gestern sprach ich von der Erziehung. Warum schicken die Eltern ihre Kinder in das Gymnasium? Das ist mir plötzlich klar geworden.

Wenn sie die Eltern zu Hause behalten würden, würden sie an ihren Kindern die Folgen ihres unmoralischen Lebens sehen. Sie würden sich selbst in ihren Kindern, wie in einem Spiegel, sehen. Der Vater trinkt Wein mit den Freunden beim Mittagessen, der Sohn trinkt im Wirtshaus. Der Vater ist auf einem Ball, der Sohn auf einem Kränzchen. Der Vater thut nichts, der Sohn thut ebenso wenig. Hat man aber das Kind in das Gymnasium geschickt, dann ist der Spiegel verhängt, in welchem die Eltern sich selbst sehen.

————

Die Eltern, die selbst ausschweifend, unenthaltsam sind, müßig leben und die Menschen nicht achten, verlangen von den Kindern Enthaltsamkeit, Fleiß und Achtung zu den Menschen. Die Sprache des Lebens, des Beispiels ist aber weit hörbar und den Großen, sowie den Kleinen, den Eigenen, sowie den Fremden klar.

————

Ob nun das liebevolle (nicht das gewaltthätige) Umgehen mit den Kindern für den äußern Erfolg vorteilhaft oder nachteilig ist, wir können nicht mit den Kindern anders umgehen. Das eine ist sicher, daß das Gute in den Herzen der Menschen Gutes weckt, wenn auch diese Wirkung unmerkbar ist[;] wenn die Erzieher beim Verlassen ihrer Zöglinge vor Schmerz weinen würden, so würde dieses Drama allein in den Herzen der Kinder tiefere Spuren hinterlassen, als hundert Vorschriften.

————

Fürchterlich ist die Entartung der Vernunft, welcher die Regierungen für ihre Zwecke die Kinder aussetzen. Das Reich des bewußten Materialismus wird nur dadurch erklärt. Dem Kinde wird soviel Unsinn eingeprägt, daß die materialistische, beschränkte, falsche Auffassung der Dinge später als eine gewaltige Errungenschaft des Geistes erscheint.

―――

Jeder Mensch lebt nur dazu, um seine Individualität zum Vorschein zu bringen. Die moderne Erziehung verwischt sie.

―――

Heute war ein Gespräch darüber, daß man einen Knaben mit schlechten Neigungen aus der Schule verwiesen hat, und daß man ihn am besten in eine Besserungsanstalt stecken sollte.
Es ist dies dasselbe, wie wenn ein unhygienisch lebender Mensch im Krankheitsfalle sich an den Arzt nach Hilfe wendet, ohne zu bedenken, daß seine Krankheit ein wohlthätiger Fingerzeig für ihn ist, daß sein Leben schlecht ist, und geändert werden muß.
   Dasselbe ist mit den sozialen Krankheiten der Fall. Jedes kranke Mitglied der Gesellschaft bringt uns in Erinnerung, daß das ganze Leben der Gesellschaft falsch ist und einer Änderung bedarf; wir aber glauben, daß es für jedes Mitglied eine Anstalt geben müsse, die uns von diesem Mitglied befreien oder es korrigieren solle. Nichts hemmt so sehr den Fortschritt der Menschheit, wie diese falsche Überzeugung. Je kranker die Gesellschaft ist, desto mehr Anstalten sind für die Heilung der Symptome vorhanden und desto weniger ist man um die Änderung des gesamten Lebens besorgt.

―――

Es ist schrecklich zuzusehen, was die reichen Leute mit ihren Kindern thun.

Wenn der Mensch jung, dumm und leidenschaftlich ist, wird er in das schlechte Leben hineingezogen, an dasselbe gewöhnt und wenn er nachher an Händen und Füßen gefesselt ist und nur noch durch fremde Arbeit leben kann, werden ihm die Augen geöffnet und er kann nur entweder ein Märtyrer oder ein Lügner sein.

————

Die Kinder sind noch darum gut, daß sie nichts zu thun haben, sondern darauf bedacht sind, den Tag gut zu verleben. So muß man sie auch erziehen. Wir sind aber beeilt, sie an eine Arbeit zu gewöhnen, damit sie anstatt der ewigen Arbeit vor Gott und vor dem Gewissen eine konventionelle Arbeit der Menschen thun.

————

Wenn ich die Wahl hätte, die Erde mit Heiligen ohne Kinder zu bevölkern, oder mit den gegenwärtigen Menschen, aber mit dem ständigen Zufluß von frischen Kindern, – so würde ich letzteres wählen.

————

Man braucht sich nur mit der Erziehung zu befassen, um seine eigenen Fehler wahrzunehmen. Hat man sie aber erblickt, so beginnt man sie zu verbessern.

Die Selbstvervollkommnung ist das beste Erziehungsmittel für Kinder sowohl wie für Erwachsene.

Soeben las ich den Brief von N. darüber, daß die medizinische Hilfe keine Wohlthat sei, daß die Fortsetzung vieler eitler Menschenleben mehrere Jahrhunderte hindurch viel weniger wichtig ist, als das „Einblasen" des Funkens der göttlichen Liebe in das Herz eines Menschen. In diesem „Einblasen" liegt die ganze Kunst der Erziehung.

————

Ich habe ein italienisches Werk über den Unterricht des kirchlichen Christentums in der Schule gelesen.

Es ist dies ein herrlicher Gedanke, daß der Religionsunterricht eine Vergewaltigung ist, – jene Versuchung der Kinder, von welcher Christus sprach. Welches Recht haben wir, das zu lehren, was von den meisten Menschen bestritten wird: die Dreieinigkeit, die Wunder Mohammeds, Buddhas, Christi? Das einzige, was wir lehren dürfen, ist die Moral.

―――

Ein Lehrer erzählte, daß ein Knabe schlecht lerne, weil er nicht mit Worten die Rechnungsaufgabe erklären konnte. Ich sagte darauf, daß das Verlangen, die Aufgabe zu erklären, ein Verlangen nach sinnlosem Auswendiglernen ist, – der Knabe hat die Aufgabe begriffen, kann aber keine Worte zur Erklärung finden. Er stimmte zu und sagte: „Ja, wir Lehrer sind verpflichtet, die Formen sogar auswendig lernen zu lassen. Wir lehren beispielsweise, daß jede Erklärung einer Rechnungsaufgabe mit ‚wenn' beginnen müsse." Wenn man mir gesagt hätte, daß man auf diese Art in Japan vor 1000 Jahren unterrichtet hätte, so würde ich es kaum glauben, und doch geschieht es bei uns durch die frischen Kräfte der Universität.

―――

Das Wort ist eins der natürlichsten, verbreitetsten und leichtesten Mittel der Gedankenmitteilung. Leider ist dieses Mittel auch ein sehr trügerisches, darum war und wird in der Erziehung das wirksamste und beste Mittel das persönliche Lebensbeispiel des Erziehers sein … Das Beispiel und das eigene Leben schließen in sich auch das Wort ein. Das Beispiel lehrt leben und sprechen. Das Wort aber schließt in sich das Beispiel nicht ein.

―――

Um gut zu erziehen, maß man vor jenen gut leben, die man erziehen will. Darum muß man auch in der Frage über den Geschlechtsverkehr nach Kräften rein und wahrhaftig sein: hält man den geschlechtlichen Umgang für eine Sünde und lebt man keusch, so kann und darf man den Kindern die Keuschheit predigen; strebt man aber nach Keuschheit, ohne sie zu erlangen, so soll man es auch den Kindern sagen. Lebt man aber unkeusch, und kann und will man nicht anders leben, so wird man es unwillkürlich vor den Kindern verbergen und ihnen nichts davon sagen. So geschieht es auch in der That.

———

Die Erziehung ist die Folge des Lebens. Für gewöhnlich wird angenommen, daß die Menschen einer gewissen Generation es wissen, wie die Menschen überhaupt sein müssen, und sie darum zu einem solchen Zustand vorbereiten. Das ist gänzlich falsch: erstens wissen die Menschen nicht, wie die Menschen sein sollen, sie erkennen im besten Falle das Ideal, nach welchem sie streben; zweitens aber sind die Erzieher selbst niemals mit ihrer Erziehung fertig, sondern bewegen sich immer weiter fort und vervollkommnen sich, solange sie leben.

Die ganze Erziehung wird darauf zurückgeführt, daß man selbst gut lebe, d. h. sich vervollkommne: nur dadurch wirken die Menschen aufeinander und erziehen sich.

Die einzige Erziehung ist die Wahrhaftigkeit und Ehrlichkeit den Kindern gegenüber.

Die Pädagogik aber ist die Wissenschaft darüber, wie man auf die Kinder einen guten Einfluß haben könnte, wenn man selbst schlecht lebt, so wie die Medizin eine Wissenschaft darüber ist, wie man gesund sein könne, wenn man auch den Gesetzen der Natur zuwider lebt. Es sind dies leere und eitle Wissenschaften, die niemals ihr Ziel erreichen.

———

Man muß immer bald den einen, bald den anderen Spruch des Evangeliums an die Spitze stellen. So ist mir jetzt besonders wichtig und teuer der Hinweis auf die Heiligkeit der Kinder und die furchtbare Sünde der Verführung derselben, wenn wir Kompromisse schließen und nicht Buße thun, sondern uns noch für gerecht halten.

―――――

Die öffentliche Erziehung, wie sie bei uns geleitet wird, ist direkt darauf gerichtet und geschickt dazu organisiert, um die moralische Entartung der Kinder herbeizuführen. Man muß darum alle Opfer bringen, um nur noch die Kinder in dieses Verderben nicht zu stürzen. Bei der jetzigen Einrichtung der Schulen aber braucht man auch keine großen Opfer zu bringen, denn gebildete Eltern können ihren Kindern zu Hause mehr Wissen beibringen, als es in der Schule geschieht. Das sage ich nur für den Fall, wenn beide Eltern miteinander einverstanden sind.

―――――

Damit unser Leben ein volles sei, muß es sich nach zwei Richtungen hin bethätigen: es muß die Gesetze des eignen Lebens erfüllen und muß durch die Predigt auf die andern Menschen einwirken.

Bei Ihnen sind diese beiden Seiten des Lebens vorhanden. Ich spreche und denke, und man glaubt, daß ich durch meine Predigt auf die Menschen eine Wirkung habe: ich werde in alle Sprachen übersetzt und gelesen. Allein Sie haben Kinder, welche Ihre ganze Seele, ihre besten Gedanken in sich aufnehmen und sie in die Welt hinaus tragen werden.

Meine Thätigkeit ist eine lärmende und darum eine äußerliche und zweifelhafte, die Ihrige aber, welche auf die Kinder gerichtet ist, ist eine ruhige, unsichtbare, unterirdische, darum aber auch eine unaufhaltsame, ewige, zweifellose und selbstlose. Man soll sich nur den Kindern gegenüber religiös verhalten. Mich hat Gott dieser Thätigkeit beraubt. …

… Die meisten Menschen, nicht nur die Ihnen Fernstehenden, sondern auch die Nahestehenden werden Ihr Leben nicht schätzen, sondern es eher verurteilen; nur die Kinder werden es verstehen, wenn sie immer eine Atmosphäre der Liebe um sich empfinden werden. Sie müssen nur soviel als möglich Freiheit haben, allerdings nicht Schulfreiheit, sondern christliche Freiheit. Wie man das alles machen solle, weiß ich nicht, weil ich es nicht erlebt habe, ich sehe aber die Wichtigkeit und Bedeutung dieses Werkes ein. Ich sehe, daß es viel wichtiger ist, einen lebendigen aufgeklärten Menschen in die Welt zu schicken, als hundert Schriften.

Sehr seltsam ist jene Rechtfertigung des Lebens, die man häufig von den Eltern zu hören bekommt. „Ich brauche nichts," sagt der Vater, „mir ist das Leben zur Last, da ich aber die Kinder liebe, so thue ich es für sie." Das will sagen, daß ich zweifellos weiß, daß unser Leben ein unglückliches ist und darum ... die Kinder so erziehe, daß sie ebenso unglücklich sein sollen, wie ich selbst. Deswegen bringe ich sie in eine Stadt voll physischer und moralischer Krankheiten, übergebe sie fremden Leuten, welche bei der Erziehung derselben nur materielle Zwecke verfolgen, und verderbe meine Kinder physisch, sittlich und intellektuell. Und diese Überlegung soll als Rechtfertigung des unvernünftigen Lebens der Eltern selbst dienen.

Die Erziehung, die Mitteilung des Wissens ist nur dann eine richtige, wenn ein wichtiger nötiger Inhalt (die religiöse Lehre) in einer klaren, vernünftigen und begreiflichen Form (Wissenschaft) mitgeteilt wird, und zwar so, daß der Inhalt blendet und durch seine Aufrichtigkeit die andern Menschen mitreißt (Kunst).

Bei uns aber wird die religionsmoralische Lehre unklar und unaufrichtig in der Form des Religionsunterrichts mitgeteilt; die Wissenschaft, ohne moralischen Inhalt, wird getrennt gelehrt; die Kunst ist wiederum ein Unterrichtsgegenstand für sich.

Ich kann mich nicht freuen, wenn bei den reichen Klassen Kinder geboren werden, denn es wachsen nur Nichtsthuer heran.

―――

Jedes Kind aus den begüterten Klassen gerät durch die Erziehung selbst in die Lage eines Schurken, der sich durch sein unehrliches Leben mindestens 500 Rubel das Jahr erwerben muß.

―――

Ursprünglich glaubte ich, daß es paradox ist, wenn gesagt wird, daß die Fähigkeit des Lernens ein Zeichen des Stumpfsinns ist; ich wollte ganz besonders deswegen daran nicht glauben, weil ich selbst schlecht lernte. Jetzt aber habe ich mich überzeugt, daß es vollständig wahr ist. Um fremde Gedanken aufzunehmen, muß man keine eigenen haben.

Die Somnambulen lernen am besten.

―――

Man kann sich keine schrecklicheren Verbrechen vorstellen, als wie sie in den militärischen Lehranstalten vorkommen. Hier nehmen nicht nur alle Schrecken, Quälereien, Morde, Raubanfälle, die in der Welt vorgehen, ihren Anfang, sondern hier werden in frechster Weise die Seelen der heranwachsenden jungen Leute direkt zu Grunde gerichtet.

―――

Ist die Frauenbildung gut? Ja. Sind die Kurse gut? Nein. Warum? Weil sie wie jede Schule überhaupt die Menschen in eine Lage versetzen, die sie der Hypnose zugänglich macht. Alle Schulen sind Hypnose. Die wahre unschädliche Bildung erwirbt jeder Mensch allein, d. h. nicht allein, sondern mit Gott.

―――

Es giebt drei pädagogische Zweige, weil es drei Formen des Denkens giebt: 1. Die logische, 2. die empirische, 3. die künstlerische. Die Wissenschaften, das Lernen ist nichts anderes, als die Aneignung dessen, was die klugen Menschen vor uns gedacht haben. Die klugen Menschen dachten immer in diesen drei Formen: sie machten entweder logische Schlußfolgerungen aus ihren Gedanken oder sie machten Beobachtungen und zogen Schlüsse über die Ursachen und Folgen der Erscheinungen; oder sie beschrieben, was sie sahen, wußten, vorstellten. Mit anderen Worten: 1. sie dachten, 2. beobachteten und 3. drückten aus. Darum giebt es drei Arten der Wissenschaften: 1. mathematische, 2. empirische und 3. Sprachen.

―――――

Bei meinem Suchen nach der Ursache des Bösen in der Welt vertiefte ich mich immer [sic].

Zuerst hielt ich die bösen Menschen für die Ursache des Übels, alsdann die schlechte, soziale Ordnung, alsdann die Gewalt, welche diese Ordnung erhält, alsdann die Anteilnahme der Menschen an dem Heer, alsdann den Mangel der Religion bei den Menschen, und nunmehr bin ich zu der Überzeugung gekommen, daß die Wurzel aller Übel die religiöse Erziehung ist. Um das Böse zu beseitigen, muß man darum nicht die Menschen verändern, nicht die Gewalt aufheben, nicht die Menschen von der Teilnahme an der Gewalt zurückhalten, nicht die falsche Religion bekämpfen und die wahre predigen – sondern *die Kinder in der wahren Religion erziehen.*

III.

Seit der Zeit – es ist schon 20 Jahre her – als ich klar erkannte, wie die Menschheit glücklich leben soll und kann, während sie sich jetzt sinnlos quält und eine Generation nach der andern ins Verderben treibt, verschob ich die eigentliche Grundursache dieses Wahnsinns und dieses Verderbens immer weiter und weiter. Zuerst glaubte ich, diese Ursache beruhe auf der falschen wirtschaftlichen Lage; dann erblickte ich sie in der Gewaltthätigkeit der Regierung, die diese Lage aufrecht erhält; jetzt aber bin ich zu der Überzeugung gekommen, daß die Grundursache alles Übels die falsche Religionslehre ist, die man uns durch die Erziehung aufdrängt.

Wir sind an die religiöse Lüge, die uns umgiebt, so gewöhnt, daß wir die schreckliche Dummheit und Grausamkeit nicht einmal merken, mit der die kirchliche Lehre vollgespeichert ist. Wir bemerken sie freilich nicht, aber die Kinder bemerken sie, und ihre Seele wird von dieser Doktrin unrettbar verunstaltet. Wir sollten uns nur klar machen, was wir thun, wenn wir den Kindern den sogenannten Religionsunterricht beibringen, um vor dem entsetzlichen Verbrechen zurückzuschrecken, das aus dieser Lehre hervorgeht. Rein und unschuldig wendet sich das Kind an uns, die wir das Leben kennen und alle der Menschheit bekannt gewordenen Wissenschaften [uns] zu eigen gemacht haben oder zu eigen machen können, und fragt nach den Grundsätzen, nach denen der Mensch sein Leben einrichten solle. Und was antworten wir ihm? Oft antworten wir ihm garnicht, sondern kommen seinen Fragen zuvor, damit er schon eine fertige Antwort habe, wenn bei ihm eine Frage entsteht. Wir tischen ihm eine plumpe, unlogische, oft blöde und vor allen Dingen grausame hebräische Legende auf, die wir ihm entweder im Original oder, was noch schlimmer ist, in unserer eigenen Übersetzung erzählen. Wir lassen es das als heilige Wahrheit glauben, was wir selbst für unmöglich halten und was für uns keinen Sinn hat, nämlich folgendes: Vor 6.000 Jahren fiel es einem seltsamen und wilden Geschöpfe, das wir Gott nennen, ein, die Welt zu schaffen; er schuf *sie* ebenso wie den Menschen; der Mensch hat gesündigt; der böse Gott hat ihn dafür bestraft, und uns alle mit ihm; dann hat er selbst die Sünde durch den Tod seines Sohnes gebüßt, und nun besteht unser Hauptziel darin, diesen Gott zu besänftigen und uns von den Leiden zu befreien, zu denen er uns bestimmt hat.

Wir glauben, das sei nichts, ja, es sei sogar einem Kinde nützlich, und mit Vergnügen hören wir es alle diese Greuel wiederholen, ohne an die schreckliche Umwandlung zu denken, die wir nicht bemerken, weil sie geistiger Natur ist und die sich dabei in der Seele des Kindes vollzieht. Wir denken, die Seele des Kindes sei ein unbeschriebenes Blatt, auf das man schreiben kann, was man will.

Doch das ist ein Irrtum. Es lebt in dem Kinde eine dunkle Ahnung davon, was jener Anfang aller Dinge ist, jene Ursache seiner Existenz und die Kraft, der es unterworfen ist; es hat jene unklare, nicht durch Worte ausdrückbare, aber vom ganzen Leben erkannte Vorstellung von jenem Urquell, welche allen vernünftigen Menschen eigen ist. Statt dessen sagt man ihm plötzlich, dieser Anfang wäre nur ein tolles, schreckliches und bösartiges Geschöpf, der hebräische Gott.

Das Kind hat eine richtige, aber unklare Empfindung vom Ziele dieses Lebens und sieht dasselbe in dem durch die Liebesvereinigung erzielten Glück. Statt dessen sagt man ihm, das Hauptziel dieses Leben bestände darin, die Launen dieses Gottes zu befriedigen, und das persönliche Ziel eines jeden von uns wäre es, sich von den ewigen Strafen zu befreien, die einigen vorbehalten sind, sowie von den Leiden, die dieser Gott allen auferlegt hat.

In jedem Kinde schlummert die Erkenntnis, die Pflichten der Menschen wären sehr verwickelt und gehörten der moralischen Ordnung an. Statt dessen sagt man ihm, seine Pflichten beruhten hauptsächlich auf dem blinden Glauben, aus den Gebeten, auf dem Aussprechen bestimmter Worte in einem bestimmten Moment, im Verspeisen einer Mischung von Wein und Brot, die das Blut und den Leib Gottes darstellen soll. Von den Heiligenbildern, den Wundern, den unmoralischen Erzählungen der Bibel, die unsern Handlungen als Beispiele vorgehalten werden, den evangelischen Mirakeln und der ganzen unmoralischen Auffassung, die in der heiligen Geschichte enthalten ist, ganz zu geschweigen. Wir glauben, das sei nicht ernst, und doch ist diese Lehre, die man Religionsunterricht nennt, und die wir den Kindern angedeihen lassen, das größte Verbrechen, das man sich denken kann. Der Mord, die Rohheit, die Gewaltthätigkeit gegen die Kinder ist nichts, im Vergleich zu diesem Verbrechen.

Die Regierung, die Regierenden, die mächtigen Klassen bedürfen dieser Lüge; sie schafft ihnen ihre Macht, und darum sind die herrschenden Klassen stets dafür, daß diese Lüge den Kindern beigebracht wird, und auch auf die Erwachsenen einen starken Hypnotismus ausübt. Die Menschen, die nicht die Aufrechterhaltung der falschen sozialen Ordnung, sondern im Gegenteil ihre Veränderung wünschen, vor allem aber die, die das Gute für die Kinder, mit denen sie in Verbindung treten, wollen, müssen sich mit allen ihren Kräften bemühen, die Kinder vor diesem schrecklichen Betruge zu befreien. Die vollständige Gleichgiltigkeit der Kinder den religiösen Fragen gegenüber, und die Regierung [*sic* (Negierung?)] aller Religionsformen, selbst wenn an ihre Stelle keine positive Religionslehre tritt, sind dem vollendetsten hebräisch-kirchlichen Unterricht bei weitem vorzuziehen.

Ich glaube, für jeden Menschen, der eingesehen hat, wie wichtig es ist, wenn eine falsche Lehre für eine heilige Wahrheit ausgegeben wird, kann über das, was er thun muß, keine Zweifel obwalten, selbst wenn er dem Kinde keine positive Religionsüberzeugung einzuprägen hat. Wenn ich weiß, was Betrug ist, so darf ich unter keinen Umständen, einem Kinde, das mich mit naivem Glauben fragt, sagen, daß es eine heilige Wahrheit sei.

Es wäre ja besser, wenn ich auf alle Fragen, auf die die Kirche so falsche Antworten giebt, mit der Wahrheit antworten könnte; wenn ich es aber nicht kann, so darf ich deshalb nicht die Lüge für Wahrheit ausgeben, denn nur wenn man sich an die Wahrheit hält, kann etwas gutes herauskommen. Außerdem ist es nicht wahr, daß ein Mensch einem Kinde von der positiven religiösen Wahrheit, die er bekennt, nichts mitteilen könnte.

Jeder aufrichtige Mensch kennt das Gute, in dessen Namen er lebt; das erzähle er dem Kinde oder zeige es ihm; dann wird er recht handeln und dem Kinde gewiß nicht schaden. Ich habe ein Buch geschrieben, betitelt „Die christliche Lehre", in welchem ich mein Bekenntnis so klar und einfach wie möglich niederlegen wollte. Dieses Buch erwies sich als den Kindern unzugänglich, obwohl ich besonders die Kinder im Auge hatte, als ich es schrieb. Müßte ich aber dem Kinde auf der Stelle die Prinzipien der Religionslehre, die ich für die Wahrheit halte, auseinandersetzen, so würde ich ihm folgendes sagen: Wir sind auf diese Welt gekommen und leben hier nicht durch unsern Willen, sondern durch den Willen dessen, den wir Gott nennen; darum wird uns nur dann wohl sein, wenn wir diesen Willen erfüllen. Dieser Wille besteht darin, daß wir alle glücklich sein sollen; damit wir aber glücklich werden, dafür giebt es nur ein Mittel: jeder Mensch muß gegen die andern so handeln, wie er selbst gern behandelt werden möchte.

Was die Fragen betrifft: Wie ist die Welt entstanden? Was wird aus uns nach dem Tode? so würde ich auf die erste mit dem Geständnis meiner Unwissenheit antworten, und eine solche Frage als unwichtig bezeichnen (in der ganzen buddhistischen Lehre existiert diese Frage nicht); auf die zweite würde ich antworten, daß der Wille dessen, der uns zu unserem Wohle in dieses Leben gerufen, uns auch über den Tod hinaus wahrscheinlich zu dem selben Zweck führt.

———

Aus dem Lesezyklus für alle Tage

(Krug čtenija, 1904-1906)

*Von Leo Tolstoi ausgewählte und
selbst verfasste Texte*

LESUNGEN ZUM 10. JANUAR.[1]

Religionsunterricht
ist die Grundlage der Erziehung.

1.

Wer aber eins dieser Kleinen, die an mich glauben, zur Sünde verleitet, dem müßte ein Mühlstein an den Hals gehängt, und er müßte versenkt werden in die Tiefe des Sees.

Wehe der Welt mit ihren Verführungen! Verführungen sind ja unvermeidlich, aber wehe dem Menschen, durch den die Verführung kommt!

Matth. XVIII. 6-7.

2.

Ein Prinzip der Erziehungskunst, das besonders solche Männer, die Pläne zur Erziehung machen, vor Augen haben sollten, ist: Kinder sollen nicht dem gegenwärtigen, sondern dem zukünftig möglich bessern Zustande des menschlichen Geschlechts, das ist, der Idee der Menschheit und deren ganzer Bestimmung angemessen, erzogen werden. Dieses Prinzip ist von größter Wichtigkeit. Eltern erziehen gemeiniglich ihre Kinder nur so, daß sie in die gegenwärtige Welt, sei sie auch verderbt, passen. Sie sollten sie aber besser erziehen, damit ein zukünftiger besserer Zustand dadurch hervorgebracht werde.

Kant

---

[1] Textquelle | Leo TOLSTOI: Für alle Tage. Ein Lebensbuch. Band I. Erste vollständig autorisierte Übersetzung. Hrsg. von Dr. E[ugen]. H[einrich]. Schmitt und Dr. A[lbert]. Škarvan. Dresden: Verlag von Carl Reißner 1906, S. 22-23.

3.

Um einen Menschen so zu erziehen, daß er für das kommende Geschlecht tauglich sei, ist es nötig, daß man bei seiner Erziehung den idealen vollendeten Menschen vor Augen habe, – nur so wird der Zögling ein würdiges Mitglied jener Generation werden, mit welcher er zu leben haben wird.

4.

Das Kind zum Bewußtsein seiner göttlichen Natur zu bringen, scheint mir die erste Pflicht der Eltern und Lehrer zu sein.

[William Ellery] Channing

5.

Die Aufgabe wahrer Erziehung beruht nicht nur darauf, die Menschen zu guten Taten zu veranlassen, sondern an ihnen auch seine Freude zu haben; nicht nur rein zu sein, sondern auch die Reinheit zu lieben; nicht nur gerecht zu sein, sondern auch nach der Gerechtigkeit zu dürsten und zu verlangen.

John Ruskin

———

Religionsunterricht ist die Grundlage der Erziehung; inzwischen wird in unserer christlichen Welt geheuchelt, so daß man das, woran niemand glaubt, ernst lehrt. Die Kinder sind scharfsinnig, sie sehen und glauben nicht nur das nicht, was man sie lehrt, sondern auch denen nicht, welche lehren.

Bibliographie zu den beiden dargebotenen katechetischen Schriften Tolstois

DIE CHRISTLICHE LEHRE
(Christianskoe učenie, 1894-1897)

Russischer Text | Lew TOLSTOI: Christianskoe učenie (Die christliche Lehre, 1894-1897). In: PSS [Russische Gesamtausgabe in 90 Bänden, Moskau 1928-1957ff: Polnoje sobrabranije sotschinenij w 90 tomach]. Band 39. Moskau 1956, S. 117-191. [Als Internet-Ressource: http://tolstoy.ru/creativity/90-volume-colection-of-the-works].

Dargebotene Übersetzung | Graf Leo TOLSTOI: Die christliche Lehre. Ausschließlich autorisierte und vom Verfasser revidierte deutsche Ausgabe. Herausgegeben von Dr. Eugen Heinrich Schmitt. Berlin: Hugo Steinitz Verlag [1898/99]. [166 Seiten; enthält: Vorrede von V. Tschertkoff S. 7-8; Die christliche Lehre S. 7-112, Gedanken über Gott S. 113-147, Aus Tolstois Tagebuch S. 149-165.] [Keine genauen Angaben zur Urheberschaft der Übersetzungen (beteiligt: A. Škarvan); mögliche Abweichungen vom Umfang des russischen Textes nicht überprüft.]

Weitere Übersetzungen (*kleiner Auszug, russische Neufassung 1908*) | Das Wesen der christlichen Lehre. In: Lew TOLSTOI: Für alle Tage. Ein Lebensbuch. Mit einem Geleitwort von Volker Schlöndorf und einem Nachwort von Ulrich Schmid. Auf Grundlage der russischen Ausgabe letzter Hand von Christiane Körner [2010] revidierte und ergänzte Übersetzung von E. Schmitt und A. Škarvan. Lizenzausgabe, Berlin: Fröhlich & Kaufmann Verlag 2018, S. 54-56. – Das Wesen der christlichen Lehre. Übersetzt von Dorothea Trottenberg. In: Martin George / Jens Herth / Christian Münch / Ulrich Schmid (Hg.): Tolstoj als theologischer Denker und Kirchenkritiker. (Übersetzung der Tolstoj-Texte von Olga Radetzkaja und Dorothea Trottenberg, Kommentierung von Daniel Riniker). Zweite Auflage. Göttingen: Vandenhoeck & Ruprecht 2015, S. 285-289.

Tagebucheinträge zu diesem Text | Leo N TOLSTOI: Tagebücher 1847-1910. Aus dem Russischen übersetzt von Günter Dalitz. München: Winkler 1979, S. 467, 468, 469, 471, 472, 474, 476, 479, 484, 486, 489, 491, 492, 505, 506f., 520, 521,522, 526, 527, 528, 530, 531, 532, 533,535, 536, 540, 589, 842 (Seitenangaben nach Register: ‚Die christliche Lehre: Darlegung des Glaubens; Katechismus; Darstellung der Lehre‘).

Briefbezüge zu diesem Text | Lew TOLSTOI: Briefe. Zweiter Band: 1886-1910. Übersetzt von Günter Dalitz aus dem Russischen. (= Gesammelte Werke in zwanzig Bänden. Herausgegeben von Eberhard Dieckmann und Gerhard Dudek, Band 17). Berlin: Rütten & Loening 1971, S. 185, 189, 258 (Seitenangaben nach Register: ‚Die christliche Lehre‘).

Sekundärliteratur | Martin GEORGE /Jens HERTH /Christian MÜNCH/ Ulrich SCHMID (Hg.): Tolstoj als theologischer Denker und Kirchenkritiker. Zweite Auflage.

Göttingen: Vandenhoeck & Ruprecht 2015, S. 47-51, 285, 326, 340, 379, 388, 400 (nach Register zu ‚Die christliche Lehre' und ‚Christlicher Katechismus, 1877').

DIE LEHRE CHRISTI, DARGESTELLT FÜR KINDER
(Učenie Christa, izložennoe dlja detej, 1908)

Russischer Text I Lew TOLSTOI: Učenie Christa, izložennoe dlja detej (Die Lehre Christi, dargestellt für Kinder. 1908). In: PSS [Russische Gesamtausgabe in 90 Bänden, Moskau 1928-1957ff: Polnoje sobrabranije sotschinenij w 90 tomach]. Band 37. Moskau 1956, S. 97-147. [Als Internet-Ressource: http://tolstoy.ru/crea tivity/90-volume-colection-of-the-works].

Dargebotene Übersetzung I Leo TOLSTOI: Die Lehre Christi dargestellt für Kinder. Einzige autorisierte Übersetzung aus dem Original-Manuskript von Dr. A. Škarvan. Herausgegeben von Dr. E. H. Schmitt. Zweite Auflage. Dresden: E. Piersons Verlag 1909. [VI und 113 Seiten] [Laut Bibliothekskatalog: drei Auflagen im Jahr 1909].

Tagebucheinträge zu diesem Text I Leo N. TOLSTOI: Tagebücher 1847-1910. Aus dem Russischen übersetzt von Günter Dalitz. München: Winkler 1979, S. 767, 770, 778 (Seitenangaben nach Register: ‚Die Lehre Christi – dargelegt für Kinder; Darlegung des Evangeliums für Kinder').

Sekundärliteratur I Martin GEORGE /Jens HERTH /Christian MÜNCH /Ulrich SCHMID (Hg.): Tolstoj als theologischer Denker und Kirchenkritiker. Zweite Auflage. Göttingen: Vandenhoeck & Ruprecht 2015, S. 589, 725, 730 (nach Register zu ‚Die Lehre Christi, dargestellt für Kinder').

Übersetzungen von pädagogischen und religions-pädagogisch bedeutsamen Schriften Tolstois für eine deutschsprachige Leserschaft

1902 I Leo N. TOLSTOI: Ueber Bildung und Erziehung. Deutsch von Dr. N[athan]. Syrkin. Berlin: Hugo Steinitz Verlag 1902.

1904 I Leo TOLSTOI: Gedanken weiser Männer. Mit Genehmigung des Verfassers deutsch herausgegeben von Adolf Heß. München: Alber Langen. Verlag für Litteratur und Kunst 1904. [= Übertragung von: Mysli mudrych ljudej na každyj den', 1903].

1906/1907 I Leo TOLSTOI: Für alle Tage. Ein Lebensbuch. Band I. Erste vollständig autorisierte Übersetzung. Herausgegeben von Dr. E[ugen]. H[einrich]. Schmitt und Dr. A[lbert]. Škarvan. Dresden: Verlag von Carl Reißner 1906. [572 Seiten] – Leo TOLSTOI: Für alle Tage. Ein Lebensbuch. Band II. Erste vollständig autorisierte Übersetzung. Herausgegeben von Dr. E[ugen]. H[einrich]. Schmitt und Dr. A[lbert]. Škarvan. Dresden: Verlag von Carl Reißner 1907. [= Übertragung von: Krug čtenija, 1904-1906].

1911/1994 I Leo N. TOLSTOJ: Pädagogische Schriften. Aus dem Russischen von Otto Buek. Erster und Zweiter Band. (= L. N. Tolstoj. Gesammelte Werke. Von dem Verfasser genehmigte Ausgabe von Raphael Löwenfeld – II. Serie, Band 12 und 13). Jena: Eugen Diederichs Verlag 1911. [Erstauflage mit abweichender Bandzählung 1907.] [*Neuedition 1994*. Leo N. Tolstoi: Pädagogische Schriften Band 1 und 2. Neu herausgegeben und durchgesehen von Paul H. Dörr. (= L. N. Tolstoi. Religions- und gesellschaftskritische Schriften, Bd. 7-8). München: Eugen Diederichs Verlag 1994].

1912 I Leo TOLSTOI: Der Lebensweg. Ein Buch für Wahrheitssucher. Ins Deutsche übertragen von Dr. Adolf Heß. Leipzig: Verlagsbuchhandlung Schulze & Co. 1912. [= Übertragung von: Put' zizni, 1910.]

1929 I Leo N. TOLSTOJ: Über die religiöse Erziehung [1899]. In: L. N. Tolstoj: Ausgewählte Werke, herausgegeben von W[illy]. Lüdtke. Band XII.: Weltanschauung. Auswahl von W. Lüdtke. Wien / Hamburg / Zürich: Gutenberg-Verlag Christensen & Co. 1929, S. 113-116.

1960 I Leo N. TOLSTOI: Ausgewählte pädagogische Schriften. Besorgt von Theodor Rutt. Paderborn: Schöningh 1960. [In der Reihe: Schöninghs Sammlung pädagogischer Schriften].

1976 I Leo N. TOLSTOJ: Die Schule von Jasnaja Poljana. Mit einer Einleitung über den Beitrag Tolstojs zur Theorie und Praxis anarchistischer Pädagogik. Telgte-Westbevern: Verlag Büchse der Pandora 1976.

2010 I Holger KUßE: Lev Tolstoj und die Sprache der Weisheit. Göttingen: Vandenhoeck & Ruprecht 2010. [S. 115-148: L. Tolstoi – Der Weg des Lebens; S. 149ff: weiterführende Primär- und Sekundärbibliographie.]

2010/2018 I Lew TOLSTOI: Für alle Tage. Ein Lebensbuch. Mit einem Geleitwort von Volker Schlöndorf und einem Nachwort von Ulrich Schmid. Auf Grundlage der russischen Ausgabe letzter Hand von Christiane Körner revidierte und ergänzte Übersetzung von E. Schmitt und A. Škarvan. München: C. H. Beck 2010. [Sowie Lizenzausgabe, Berlin: Fröhlich & Kaufmann Verlag 2018.] [= Übertragung der zweiten, erweiterten Ausgabe von: Krug čtenija.]

Ausgewählte Literatur zu
Leo N. Tolstois
religiösen Schriften

AXELROD 1902 = Esther Luba Axelrod: Tolstois Weltanschauung und ihre Entwicklung. Stuttgart: Enke 1902. [& Stuttgart: Union dt. Verlagsanstalt ¹1902.]

BARTOLF 2006 = Christian Bartolf: Ursprung der Lehre vom Nicht-Widerstehen. Über Sozialethik und Vergeltungskritik bei Leo Tolstoi. Berlin: Selbstverlag des Gandhi-Informations-Zentrum 2006.

DREWERMANN 2023 = Eugen Drewermann: Zum Geleit. In: Leo N. Tolstoi: Texte gegen die Todesstrafe. Über die Unmöglichkeit des Gerichtes und der Bestrafung der Menschen untereinander. (= Tolstoi-Friedensbibliothek: Reihe B, Band 1). Norderstedt: BoD 2023, S. 9-15.

ERNST 1991 = Peter Ernst: Ehrfurcht vor dem Leben: Versuch der Aufklärung einer aufgeklärten Kultur. Ethische Vernunft und christlicher Glaube im Werk Albert Schweitzers. Mit einem Exkurs über religiöse Kultur und Sozialethik im literarischen Entwurf Leo Tolstois. (= Europäische Hochschulschriften. Reihe 23, Band 414). Frankfurt am Main: Peter Lang 1991.

GAEDE 1980 = Käte Gaede: Lew Nikolajewitsch Tolstoi. Schriftsteller und Bibelinterpret. Berlin: Evangelische Verlagsanstalt 1980.

GEORGE/HERLTH/MÜNCH/SCHMID 2015 = Martin George / Jens Herlth / Christian Münch / Ulrich Schmid (Hg.): Tolstoj als theologischer Denker und Kirchenkritiker. (Übersetzung der Tolstoj-Texte von Olga Radetzkaja und Dorothea Trottenberg, Kommentierung von Daniel Riniker). Zweite Auflage. Göttingen: Vandenhoeck & Ruprecht 2015. [Erstauflage 2014.]

GLOGAU 1893 = Gustav Glogau: Leo Graf Tolstoi ein russischer Reformator. Ein Beitrag zur Religionsphilosophie. Kiel/Leipzig: Lipsius & Tischler 1893.

GOLDT 2015 = Rainer Goldt: Judentum. In: M. George / J. Herlth / Chr. Münch / U. Schmid (Hg.): Tolstoj als theologischer Denker und Kirchenkritiker. Zweite Auflage. Göttingen: Vandenhoeck & Ruprecht 2015, S. 557-570.

HANKE 1993 = Edith Hanke: Prophet des Unmodernen. Leo N. Tolstoi als Kulturkritiker in der deutschen Diskussion der Jahrhundertwende. Tübingen: Max Niemeyer 1993.

HOLL 1922/1928 = Karl Holl: Tolstoi nach seinen Tagebüchern [1922]. In: Karl Holl: Gesammelte Aufsätze zur Kirchengeschichte. Band II. Der Osten. Tübingen: Verlag von J.C.B. Mohr 1928, S. 433-449.

KALICHA 2013 = Sebastian Kalicha (Hg.): Christlicher Anarchismus. Facetten einer libertären Strömung. Heidelberg: Verlag Graswurzelrevolution 2013.

KJETSAA 2001 = Geir Kjetsaa: Lew Tolstoj. Dichter und Religionsphilosoph. Gernsbach: Casimir Katz Verlag 2001.

KLEMM 2008 = Ulrich Klemm: Leo Tolstoi. Dichter, Christ, Anarchist. Hilterfingen: Edition Anares 2008.

KOEBER 1890 = Raphael von Koeber: Leo Tolstoi und sein unkirchliches Christentum. Herausgegeben mit einer Nachschrift: Die Flucht aus dem brennenden Cirkus, von Hübbe-Schleiden. Braunschweig: C. A. Schwetschke & Sohn 1890.

KUßE 2010 = Holger Kuße: Lev Tolstoj und die Sprache der Weisheit. Göttingen: Vandenhoeck & Ruprecht 2010.

MACHINEK 1998 = Marian Machinek: „Das Gesetz des Lebens"? Die Auslegung der Bergpredigt bei L. N. Tolstoj im Kontext seines ethisch-religiösen Systems. (= Moraltheologische Studien – Systematische Abteilung, Band 25). St. Ottilien: Eos Verlag Erzabtei St. Ottilien 1998.

MILKOV 2004 = Nikolay Milkov: Leo Tolstois Darlegung des Evangeliums und seine theologisch-philosophische Ethik. In: Perspektiven der Philosophie. Neues Jahrbuch. Band 30 (2004), S. 311-333.

NIGG 1949/1986 = Walter Nigg: Der Häretiker in der Ostkirche. Leo Tolstoi. In: W. Nigg: Das Buch der Ketzer [1949]. Zürich: Diogenes Tb. 1986, S. 530-557.

PHILIPP = Franz-Heinrich Philipp: Tolstoj und der Protestantismus. (= Marburger Abhandlungen zur Geschichte und Kultur Osteuropas, II). Gießen: Verlag Wilhelm Schmitz 1959.

QUISKAMP 1937 = Robert Quiskamp: Der Gottesbegriff bei Tolstoj. Paderborn: Ferdinand Schöningh 1937. [Abweichende Ausgabe: Der Gottesbegriff bei Tolstoy [Dissertation]. Emsdetten: Lechte 1937.] [Der röm.-kath. Autor dieser Studie wurde am 19.12.1940 vor dem Sondergericht Bielefeld verurteilt wegen des kirchlichen Begräbnisses eines polnischen Zwangsarbeiters – mit Predigt in polnischer Sprache; baldiger Tod nach Bochumer Gefängnishaft.]

SCHMITT 1901 = Eugen Schmitt: Die Kulturbedingungen der christlichen Dogmen und unsere Zeit. Leipzig: Verlag Eugen Diederichs 1901. [Zu Tolstoi besonders S. 44ff.]

STEPUN 1961 = Fedor Stepun: Die religiöse Tragödie Tolstojs. In: F. Stepun: Dostojewskij und Tolstoj. Christentum und soziale Revolution. München: Hanser 1961, S. 80-156.

TROYAT 1966 = Henri Troyat: Tolstoi oder Die Flucht in die Wahrheit. Wien / Düsseldorf: Econ-Verlag 1966. [S. 299-332: Kunst und Glaube; S. 445-472: Auferstehung, Exkommunizierung.]

TAMCKE 2020 = Martin Tamcke: Tolstojs Religion. Eine spirituelle Biographie. Berlin: Insel Verlag 2020.

THAETER 1988 = Jörg Thaeter: Die Beziehung des Individuums zur Unbegrenztheit und zur Gemeinschaft. L. N. Tolstoj als „Seher des Geistes". Kiel: Dissertation 1988.

Der Band erscheint in der Reihe A des Editionsprojekts
‚Tolstoi-Friedensbibliothek‘ zur (Neu-)Erschließung
gemeinfreier Übersetzungen von ‚religionsphilosophischen
(theologischen) und sozialethischen Schriften‘ Leo N. Tolstois.
Über weiterführende Literatur, zu unseren Angeboten
sowie zum Kreis der Beteiligten (Konzeption
und Herausgeberschaft, Bearbeitung, Beratung,
Kooperationspartner*innen) informiert die Projektseite:
www.tolstoi-friedensbibliothek.de